監査心理学
感じる監査

感性を活かした実効性ある監査への63の視座

戸村 智憲 著
Tomura Tomonori

税務経理協会

はじめに

　2011年3月11日に発生した東日本大震災および風水害等で被災された方々のご安全と1日も早い実りある復旧復興とともに，ご無念ながらに天上に召された尊い御霊へのご冥福を心よりお祈り申し上げます。

　監査にあたられる方々が，この甚大な災害を忘れることなく，会社法施行規則第100条第1項第2号にも定められている危機管理の規程や体制作りが健全かつ十分に整い，実効性ある防災・危機管理・事業継続対応が取られているよう監査指導・監査指摘がなされることを筆者は切に願っております。

声にならない現場の生の声を聞け！

　さて，とかく，監査は論理的で機械的に行う現場の感覚から離れることで独立的で中立公正な無味無臭のもの，であるべきであるかのように思われる方々がいらっしゃいます。
　また，監査人（内部監査人も監査役も外部監査の監査人も含む）はそもそも正しいもの，誤った判断をしないもの，という思い込みを持たれる方々が多くいらっしゃるのも実態です。
　しかし，監査も他の経営活動と同じく，実行する主体はあくまでも人であり，被監査者と監査人は，人と人とが関わり合う人間同士の共同活動に他なりません。
　監査人も人間である以上，表立って知られないだけで，時に迷い，時に誤り，時に感情的になったりすることがある，というのが実態です。
　世の中には，犯罪心理学や法廷心理学といったものがある中で，なぜか，人と人とが共同活動を行う監査において，監査心理学といったような分野が築かれようとしてこなかったことに，筆者は不思議でなりません。

実際，筆者が全国各地の監査現場で指導し，監査人・被監査人・企業経営における監査などをつぶさに観察（学術研究でいえばフィールドワーク）してきた中で，監査と心理について研究・提言していく必要を感じてきました。

　特に，どれだけ素晴らしい監査指摘や論理的な監査指導も，その受け手である被監査者が納得して心が動かなければ，実効性ある監査指導・監査指摘にならないばかりか，表向きは監査指導・監査指摘に従うポーズを見せるだけで，形骸化し面従腹背の現場を生み続けることになってしまうことが多いのです。

　この「監査の逆機能」（本来，企業経営・組織運営をよくしようとして行う監査が，かえって，害悪になったり円滑な企業活動を阻害してしまったりすること）や，被監査者の心理を理解せず押しつけ型の監査による実効性なき監査対応が，監査を有効に機能させない監査や，内部統制の実効性を損なう原因となっているのです。

　また，監査人が論理的に判断を下した，と思っていることは，監査人のメンタリティーや文化的背景などから，実は，自然と「これが正しい」と思い込んで疑わない心理や論理的思考の前提条件によってバイアスがかかっていることが多々あるのです。

　本書においては，まず，フィールドワーク的に現場指導を通じて見えてきた監査の課題や監査における心理学的な側面について，監査心理学という新たな視点と分野の構築の手始めとして，今後の監査の課題や監査心理学の研究のとっかかりとなる場が提供されるよう努めて筆を進めていければと思います。

　また，高尚にまとめてしまい，「何かすごそうなことが書いてあるが，実際にはどんなことに気をつけて監査すればいいのかわからないなぁ……」ということがないよう，監査現場の声にならない生の声を基に，監査問答的に監査の実効性向上に向けて，平たく噛み砕いた形で本書をまとめていきたいと筆者は思っています。

　学術としての発展や監査における新たな切り口からの議論の呼び水としても，本書が何らかのお役に立てたなら幸甚です。本書のどの項目からでもお読みいただけるようにも配慮させていただきましたので，ご興味のあるところから読

はじめに

み進めていただければと存じます。

　監査がモチベーションを下げたり，やらされ感・押しつけ感をもたらしたり，監査の逆機能で監査そのものが経営上のリスクとなったりしないよう，本書が監査における人と心について見つめ直す契機となれば幸いです。

　監査が企業としても企業に働く個々人・組織としても，健全で実効性ある状態を持って，監査を通じて監査人も被監査者も組織全体にも幸せがもたらされるよう筆者は願っております。

2012年1月

戸村　智憲

目　　次

はじめに

1　違和感を大切にする ──────────────────── 1
2　不正の先行指標・結果指標という監査視点 ──────── 3
3　"Don't think. Feel！"：先行指標としての監査心理学 ─── 5
4　相手と同じ目線・同じ立場で考える ─────────── 7
5　キュリアス・チャイルド・アプローチ（ＣＣＡ） ──── 9
6　納得感による実効性ある監査へ ────────────── 11
7　組織形態ごとに異なる従業員の心理性 ─────────── 13
8　監査基準という「思考停止」，監査計画という「共謀罪」── 16
9　「クロスワードパズル」を解きたがる監査人 ──────── 21
10　何のための監査？　何のために働く？：感じ合い理解し合う監査 "EQ Based Auditing" へ…… ──────────── 23
11　「話せばわかる」……「問答無用，バサッ」型監査 ──── 25
12　猜疑心ではなく健全な懐疑心による監査 ─────────── 27
13　監査人と被監査者間のラポール形成 ───────────── 29
14　「価値フリー」で臨む監査と監査ダイバーシティ ────── 32
15　態度変容・認知不協和という「クロ」対象者のココロの仕組みを知る：不正の正当化は認知不協和から ───── 34

⑯	逆算型監査ではなく積算型監査へ	36
⑰	監査指摘・提言を通す「説得」の3つのパターン	37
⑱	6W2Hで進める監査の流儀	39
⑲	真実は揺らめきながら存在する……	41
⑳	監査による組織変革の要諦	43
㉑	監査人こそ必要な起業家精神	45
㉒	自ら問題設定して自ら答えを導き出す姿勢	46
㉓	粉飾決算・不祥事を引き起こす心理	47
㉔	ホワイト・カラーの引き起こす問題例	48
㉕	コンプライアンスに聖域・職域なし！	49
㉖	不正のトライアングルと「不正の動機」への対処	50
㉗	「儲けたらボーナスをやる」の落とし穴	53
㉘	「言い訳」感染症の部門長・管理職の心理	55
㉙	現場主義という帰納法的な監査アプローチ	58
㉚	「悩みの質」を変える	60
㉛	「外形的適格性」と「内質的適格性」について	61
㉜	従業員が内部通報をためらう心理的背景	63
㉝	監査リーダーシップにおける考察点	66
㉞	「わが社に限って問題は起きない」という経営者の心理とリスク管理・危機管理・防災対策での監査対応	68
㉟	コンプライアンス意識調査・従業員意識調査などは評点を見るのではなく隠れた真実を探す資料にする	70

36	文化性による統制："Control by Culture"	72
37	Dive into Audit！	74
38	監査クリエイティビティ・監査人の試行錯誤と創意工夫	76
39	"愛嬌のある嫌われ者"：監査における一定の友好関係と緊張感	78
40	否定の流儀：監査の基本は「部分否定」と「信賞必罰」	79
41	戸村式Ｑ＆Ａ①：内部監査の品質評価について	81
42	戸村式Ｑ＆Ａ②：経営に資する（経営に役立つ）監査について	84
43	戸村式Ｑ＆Ａ③：内部監査と監査役の連係について	86
44	戸村式Ｑ＆Ａ④：旧来の監査のあり方では，そもそも「内部監査」は無理です	88
45	戸村式Ｑ＆Ａ⑤：監査法人の「信念」のなさ，フランチャイズ化／マニュアル化の弊害	90
46	戸村式Ｑ＆Ａ⑥：「プラットフォームに依存する監査品質」って何なのでしょうか？	92
47	戸村式Ｑ＆Ａ⑦：内部告発者の報奨金	94
48	戸村式Ｑ＆Ａ⑧：米国の金融規制改革法（ドット・フランク法）	95
49	戸村式Ｑ＆Ａ⑨：今後のＩＦＲＳ適用を考慮して，内部監査業務への影響はどのようなものが考えられるでしょうか	97
50	戸村式Ｑ＆Ａ⑩：内部監査を担当する組織体制としてどのような体制が望ましいのでしょうか	99

51	戸村式Q＆A⑪：個々の内部監査要員はどのようなスキルを身につけ備えておくべきでしょうか	100
52	戸村式Q＆A⑫：サービス残業について	101
53	戸村式Q＆A⑬：ＥＲＭで格付け高評価を得た○社について	104
54	戸村式Q＆A⑭：機械やモノのように無機質に監査における「品質評価」をできるものではない	106
55	戸村式Q＆A⑮：とある監査人さんへのお悩み相談	109
56	戸村式Q＆A⑯：独立的評価と職務分掌について	112
57	戸村式Q＆A⑰：監査の考えと現場を徹底して見る理由	115
58	監査心理学について	118
59	監査心理学パースペクティブ	124
60	「心身－身心」（こころみ－みごころ）	129
61	監査心理学から見た不正に陥りがちな心理的陥穽	132
62	「エンタープライズ・リスク・マネジメントにおける歴史的視座とこれからの行く末」	137
63	不都合な社会史観：不祥事はなくならべからざるしてなくならない	141

おわりに ……………………………………………………… 155

1 違和感を大切にする

　内部監査も監査役等の監査も，はたまた，外部監査においても，これまでの監査人の風潮として，監査とはあらかじめきちっと固まった万全そうに見える監査基準や監査計画に沿うことが重要である，現場と一線を画することが重要である，というような，「独立的で客観的な監査」を行うということを論理的に解釈・実践されようとすることが多くあります。

　しかし，懐疑的に監査人自らのあり方に疑問を呈して見ると，これまで疑うことなく監査人の判断や行動の大前提として据えられてきた「独立的で客観的な監査」とは，果たして，そのようなものでよいのでしょうか。

　多くの企業では，監査基準や監査計画に沿えばよい，というだけで，現場の声にならない生の声に耳を傾けようとすることなく，監査人の心理として，安易に出来合いの基準や計画の作り方に依存し，よく企業経営・現場での仕事・職場風土などを踏み込んで監査できないことの言い訳を用意してしまう情に流されて監査の形骸化を招いてしまっているように見受けられます。

　つまり，「独立的で客観的な監査」として心の内で知らず知らずに，あるいは，自縄自縛的に陥っている監査人の心理的陥穽として，「独立的であること」イコール「現場について深く知ろうとしなくてもよい」という言い訳が，また，「客観的であること」イコール「立派に見える監査意見を傍観者的にまとめておけばよい」という言い訳が，それぞれ，監査人の心理の奥底で自らを納得させる都合よく論理的に見える解釈として存在しているように見受けられます。

そのような風潮に，新たな監査人の自問自答を強く求める風が吹いたのが，結果だけを見ればよいのではなく，企業経営・現場での仕事のプロセスが健全であるか，健全ならしめるかを問いかけた旧来以上に一歩踏み込んで実効性が問われる内部統制のクローズアップや激変する様々な経営環境です。

そのような中で，少なからぬ企業現場の監査人は，旧来からの監査のあり方に，違和感を抱いているのです。また，旧来からの監査では対処しきれなくなってきている現実問題を前にして，本当にこれまで通りの監査のあり方のままでよいのかという直感的で本質的な疑問を抱いている監査人がいらっしゃるのです。

そのような，直感や感性から端を発する違和感という監査現場で「感じる」ことを大切にして監査を見直すことが，実は，現場の現実的問題を監査側から対処する上で，最も理にかなった監査クリエイティビティ（監査における創意工夫・創造性）を通じた監査イノベーションにつながるのです。

逆に，何事も理詰めだけで現状維持や保身から，激変する経営環境に対し，環境適応型監査（Adaptive Auditing）に至れない監査は，形骸化し実効性に乏しいものの，一見すれば，監査がやたらと難しいことをこねくり回して「監査指摘は踊る，されど，進まず」という状況や，単に「知能指数の高いバカ」な監査人になり果てることを意味してしまうのです。

これまでの各社の監査に関わる経緯や大人の事情にとらわれず，まず，心身ともにリラックスして，「何か変だよねぇ」とか，「何でそもそもこんなことが必要なんだろう」とか，「監査人の心の声」に耳を傾けられるよう，監査における感受性を高めるようにしていきましょう。

また，本書の中で，現場の生の声，声にならない監査人の心の声から発せられた戸村式の監査問答についてもご紹介して参ります。

2 不正の先行指標・結果指標という監査視点

　管理会計における指標管理や，ＢＳＣ（バランス・スコアカード）におけるＫＰＩ（Key Performance Indicator）指標などの考え方を監査に援用してみたらどうなるんだろう，と，筆者は「感じる」ことが多々あります。

　これは，何も筆者が偉くて論理的に思考を突き詰めたお話というより，監査指導にあたる中で，監査クリエイティビティというか，パッと思いついて「感じる」ことから出てきたお話です。

　ふと，「会計不正を見抜く監査」というようなセミナーが行われる度に，筆者は何か心の中で漠然とした違和感を抱いていたのです。

　そこで，これまた脳のない筆者が，ふと，脳裏をよぎる感覚を感じることで出てきた命題として，「会計不正を会計的手法でチェックするというのは，あくまでも物事が起こった後の結果に過ぎないのではないか？」，「結果をチェックすることに躍起になるわりに，結果に先立つ組織内の問題をチェックする視点が欠けているのではないか？」ということを感じた次第です。

　指標管理やＫＰＩでは，ＢＳＣにあるように，先行指標と結果指標という２つの指標が内在します。リスク管理においては，筆者が２つとも商標登録しているＫＣＩ・ＫＲＩ（Key Control Indicator・Key Risk Indicator）がリスクや不正などの監査対象事項の先行指標と結果指標になるのです。

　ここで，ＢＳＣに詳しい方は既にピンときていらっしゃるでしょうが，会計不正を見るのは，あくまでも，結果指標・ＫＲＩだけを見ているに過ぎないということになるのです。

つまり，旧来から優れた極上のテクニックであるかのように見せかけられている会計不正を見抜く手法やテクニックのお話は，あくまでも，対症療法的というか，結果指標のみを見て先行指標を把握できていない泥縄式の監査対応・不正検査対応でしかない，とさえ言い得るのです。

では，組織におけるリスク管理・不正対策などの先行指標は何だろう？という素朴な疑問を感じてみると，監査心理学的な観点からは，実は，被監査者の職場環境が悪いがために不正を起こす動機をもたらしていたり，被監査者が職場で「感じる」プレッシャーや私生活における困窮などが，結果指標に先立つ心理的な先行指標となっていることがあったりします。

さらに，心身を旧来からの監査論という鉄の鎧から解き放ち，自由な感性で違和感を抱いてみると，なぜ監査人が人間の心理を監査で先行指標的に見抜こうとしなかったのか？という疑問・命題がふと脳裏をよぎったりします。

これも筆者が感じる素朴な思いではありますが，監査人が監査基準や監査計画という無機質なチェックリストや工程表を持って監査に出かける（往査する）ことで，人間である監査人が同じく人間である被監査者を監査するのではなく，ロボット的に動くことをよしとされてきたような監査人が，車検のように，被監査者を人間としてではなくある行為を起こす機械として，起こした結果・表に現れてきた結果のみを無機質にチェックする悪習慣が身にべっとりとこびりついてしまっていることが問題なのではないか，というように感じてみたりします。

人に寄り添う監査，平素から現場に赴き現場の風土やちょっとした変化を感じ取れるように「赴く監査」になっていないと，定期的に訪れた現場で書類だけをチェックして帰る監査ルーティンをこなす監査マシン化が生じ，必然的に，ちょっとした現場の不正が起こりそうな兆候などを見失うことになるのではないかと，ふと，筆者が感じ取りつつ危惧するところです。

監査現場に飛び込み，そこで感じる違和感という最良の生きた教材に学ぶことは，過去のしがらみや理論にとらわれない自由な監査クリエイティビティを発揮する上で欠かせない学習姿勢です。

3

"Don't think. Feel !" : 先行指標としての監査心理学

　不正は南国のヤシの木や目の前のペットボトルといった物体が，テクテクとあなたの会社の金庫に歩いて行って，お金を横領して持ち出してくるものではありません。

　不正は人間が起こし，その不正が起こされる前やその不正が起こる瞬間には，人の心が動く（不正の動機がある）のです。

　そして，その心が動いた結果として，会計不正などの目に見える財務諸表の異常点が監査における結果指標として現れてくるわけです。

　つまり，監査における先行指標として，人の心理が関わってくるわけで，監査において心理学が視野に入れられてこなかった旧来の監査のあり方は，結果指標だけを見ることに偏ったアンバランスな監査でしかなかったのです。

　不正を引き起こすトリガー（引き金）は，ＩＴを利用していようがいまいが，間違いなく監査における人間の心理・監査心理学が「見えざる監査の先行指標（Auditing Intangible Leading Indicator：ＡＩＬＩ）」となるのです。

　そして，ＡＩＬＩ（アイリィー）は，論理的に考えてもつかめるとは限らない，見えざるがゆえに感じることによってのみ最大限に見出せる監査先行指標なのです。

　そのＡＩＬＩを見出すために必要なのは，往年のカンフー映画の名優「ブルース・リー」の劇中のセリフになぞらえれば，"Don't think. Feel !"（考えるな，感じよ）ということでもあれば，また，大ヒット映画「スター・ウォーズ」で出てくるセリフでいえば，"May the force be with you."（フォースとと

5

もにあらんことを）ということになります。

　スター・ウォーズで述べられるこの場合のフォースとは，自然界や周りの環境に存在する力，そこから感じ取る力といった意味合いで，腕力のことを意味しているのではありません。

　つまり，監査においても，あれやこれやと旧来の監査論の閉じたループをぐるぐると廻って考えるな，違和感やそのループから抜け出すフォースを感じ，身につけて使いこなせ，ということが監査の閉塞感を打ち破る監査クリエイティビティのフォースの源泉なのです。

　監査で求められることが心身に「第二の自然」のように，身につけられた上で"感じる"ことに集中するのです。

　会計監査・会計不正の発見ショーのように，監査人が結果指標として現れた監査事象に対し，不正が起こってしまってからいかにもっともらしそうに華麗にふるまうかというスタイルが重要であるというより，そもそも，不正の芽を早期に察知し感じ取り，できれば，不正が起こる前に不正の兆候であるＡＩＬＩを活かした，監査における感受性を活かした対応で，未然の防止策や未然の重点監査・重点指導にあたることの方が，はるかに重要なのです。

4 相手と同じ目線・同じ立場で考える

　監査対象者である相手を慮るという思いやりの観点だけではなく，相手がどんな心理でどんな行動に出るか，また，ある指摘や指導をした際にどう感じるか，さらに，相手がどんな不正を起こそうとする心理を持ちやすいかを見据える上で，監査は相手と同じ目線・同じ立場で心理的に先を読む対応（見えざる監査の先行指標を見据える姿勢）が重要です。

　上から目線での監査・指導では，「下」に位置づけてしまう監査対象者や監査対象部署の心の内や，心の中に影を落とす「監査の死角」に気づかぬままになってしまいかねません。

　また，「下」から卑屈にへりくだった監査では，ビシッと述べるべきことや対処すべきことができず，独立的・客観的監査というより従属的・現場主観先行の監査になってしまいかねません。

　監査人が監査基準やチェックリストを手にして現場を回ると，手にした「絶対に正しい（と監査人が思い込んでいる）基準やチェックリスト」を操る「虎の威を借る狐」の監査人になり果てる心理背景があります。つまり，監査人は絶対正しいものを手にしている・背景に持っているから，私に従わなければそれはすなわち悪だ，と思ってしまう監査のあり方になってしまいかねないのです。

　監査人が積極的に現場に赴き，現場に寄り添いつつ監査を行うことは，なかなか，人員も時間も限られている中では難しいことかもしれません。

　そのような際は，内部統制意識調査や職場アンケートなどで，まず，大まかに監査の重点ポイントを絞っておき，重点的なリスクに重点的に対応できるよ

う工夫することも必要かもしれません。

 ただ，その際，監査に関するアンケートという形で調査を行うより，「職場の幸せ作りのためのアンケート」という形で調査を行う方がよい場合が往々にしてあります。

 コンプライアンスや内部統制は，誰かを悪人にするためにあるわけでも，また，誰かを有罪にするためにあるわけでもありません。

 あくまでも，職場や自社全体で，健全に儲け続けるための仕組みとして，さらには，相互の信頼と幸せ作りのために行うものです。

 現場の方々が答えていただきやすい調査にすることや，特に，他社の状況を身を持って知っている派遣社員さんや各種非常勤職員といった，現場の生の声が反映されやすい対象者への調査を行っておくとよいでしょう。

 筆者も，独自に開発した「内部統制・リスクマネジメント健診」という意識調査では，それらの方々の自由記述を重点的にチェックさせていただいたりしております。

5 キュリアス・チャイルド・アプローチ（CCA）

　現場でうまくヒアリングしたい，同じ目線・立場から現場の物事を見据えたい，という監査人の方々がご苦労される点として，どうやって現場に馴染んでいけばよいかという課題をお持ちの監査人さんもいらっしゃいます。

　その際，筆者がお勧めしておりますのは，Curious Child Approach として，直訳すれば「好奇心あふれる子供」が無邪気にいろいろと質問していくというソフトな対応です。

　好奇心（キュリオシティー）が旺盛な子供のように，監査事項に直接関係ないところ（ある意味でダミーの質問）も直接関係するところも，いろいろと，「興味があるから教えて欲しいの～」という感じで聞いていくスタイルです。

　いきなり核心を突く質問を浴びせかけると，現場（被監査部門）は警戒しすぎたり反発してきたりしますので，外堀というか，ダミーの質問というか，何となく現場そのものにいろいろと好奇心ある無邪気な子供のように，現場でいろいろと「これって何？」，「何でこれはこうなってるの？」などと，いわゆる「なぜなに坊や」みたいなヒアリングで徐々に核心に迫っていくとよいでしょう。

　いろいろと見たり聞いたりする中で，「何でここはこういう仕事の仕方にしているのかなぁ？」とか，「ここはこうした方がよりよいのでは？」といった，ちょっとした違和感や疑問や思いをスタート・ポイントとして，素直になって考えを深めてみるとよいでしょう。

　現場サイドに「監査してやる」，「指摘してやる」，「教えてやる」ではなくて，

現場サイドに「教えてね」と馴染みながら懐に飛び込むことが，現場の実態を踏まえつつも監査の一歩踏み込んだ実効性を高める上で役立つのです。

また，監査対象部署にかつて在籍していた監査人は，「今の現場はどうなってるの？」という視点で，現場の方々に教えてもらいながら，課題点や改善・是正点を見出すとよいでしょう。

直接的に監査事項に関わらない話しやすいポイントを問うのは，監査側からの答えやすい質問に現場が答えるという心理構造を刷りこんでいき，核心の質問にも答えてもらいやすくするための「ヒアリングの潤滑油」みたいなものなのです。

そこで，監査人があえてバカなふりをして聞いてみるということで，思わぬ収穫を得る回答を現場の方々がしてくれるケースもあります。

むしろ，あらかじめ整っていて「きっと，こう答えて欲しいんだろうな」と監査人の意図が丸わかりの質問より，半ば思いつきで違和感や好奇心を重視して聞いてみる質問の方が，現場の方々が熱心にお話ししてくれることがあります。

6 納得感による実効性ある監査へ

　監査をすること自体も，監査のあり方次第・プロセス次第では，経営を円滑かつ健全にならしめる上でのリスク要因になる，ということを筆者はよく申し上げます。

　実際，監査人が現場の方々の心情に土足で踏み入るような監査や横暴に監査指摘を言い渡して自己満足しているような場合，現場の方々が監査そのものに不信感や不快感を示し，職場ではモチベーションや生産性が下がるということが往々にしてあります。

　また，ある監査指摘が言い渡された際に，現場の方々がふと心に浮かぶ思いとしては，「何でこんな面倒なことを監査人は言ってくるのだ」とか，「ろくに現場の実態を知ろうとせずに，頭でっかちな指摘を言い渡してくることに腹が立つ」という心理が芽生えやすいのです。

　中には，「現場は現場でうまくやっているんだから，いちいち余計な口出しをするな」という露骨な現場の方のご反応が見られることもあります。

　この場合，実は，「現場は現場でうまくやっている」という心理に反映されているのは，現場の「仕切り」という現場なりの内部統制のあり方に現場の方が自信を持っているということなのです。

　つまり，このような場合に，監査人が強硬に「決まりだから言われた通りやれ」と言っても，かえって，現場の方々の反発を招くだけでなく，監査の言うこと・指摘事項なんて無視してしまえ，という思い・心理が根を張ることになりかねません。

ここで重要なのは，現場は現場なりの「仕切り」という，現場が理解している内部統制という「仕切り」の中で，なぜこの点が問題で，この点を改めることで現場も企業全体もどうよくなるのか，という変革の意味と道筋を示して差し上げることなのです。

　また，その際に，現場の方々にお話しして現状を改めていただく上で，監査の専門用語を羅列するようでは，到底，現場の方々の腑に落ちる理解は得られません。

　そこで，現場の方々にわかりやすい例え話や，現場で「なるほど，そう言われれば現場で普段私たちがやっていることに照らし合わせても一理あるなぁ……」と思っていただけるお話の仕方をしなければ，腑に落ちる納得感を持って，主体的・自発的に監査指摘を受け入れて変革しようとしてくれないのです。

　その際，現場の方々にどうお話しすればわかってもらいやすいかを知る上でも，監査人は足しげく現場に赴き，現場の方々とたわいのない会話や監査事項にも関わるような重要なお話をさらっと肩肘張らずに対話していけるようにしておくことが重要なのです。

　「言われた通りにやればいい」と，逆に，監査人が誰かに言われたとしたら嬉しいでしょうか。監査人自らの心の内を自ら問いかけてみると，現場の方々の思いも少しは理解しやすくなるのではないでしょうか。

7 組織形態ごとに異なる従業員の心理性

単に組織の構造といっても，構造によって長短があり，それがひいては各個人・各チームに何らかの影響を与えるものとなってきます。

現在のみなさんの組織構造の長短を改めて認識していただき，場合によってはあるべき構造に変えていっていただく必要もご検討いただく契機になればと思います。では，類型ごとに見て参りましょう。

① シンプル型構造

ベンチャーのスタート・アップ期によく見られる構造です。1人が何役もこなし，階層もなく，非常にフラットでほぼ全員が経営参画するような構造です。

長所としては，意思決定が非常に速い，自然と情報共有され，チーム構成員の経営参画意欲も高まりやすい，様々な職域（製造・販売・マーケティング等）からの視点を持った人材が育ちやすい，といったことがあります。

一方，短所としては，職域ごとのスペシャリストが育ちにくい，多忙感がある，業務の標準化がなされにくく属人的な運営になりやすい（担当者が辞めると業務が回らなくなる恐れがある）などということがあります。

② 機能別構造

ある1つの事業を営む企業で，各職域（製造・販売・マーケティング・経営企画・経理・総務等）の機能によって分けられた構造です。

それぞれの機能別に分けられた縦の業務の流れを「ライン」と呼び，そこに

専門家もしくは専門に業務執行を行う者（ライン内での参謀となる「スタッフ」）を備えると，ライン・スタッフ組織と呼ばれます。

　長所としては，指揮・命令系統が確立され，業務執行を統一行動化しやすい，責任や権限や業務範囲が明確で，チーム構成員が与えられた業務執行に専念しやすい，各職域に専門家が育ちやすい，といったことがあります。

　一方で，短所としては，2つ以上の異なる事業を運営するには不適，部門間の「壁」ができあがり，情報共有や一体感が損なわれる恐れがある（セクショナリズム），権限の集中度合いによっては，現場の状況を無視した指示・命令が下りやすくなる恐れがある，といったことがあります。

③ 事業部制構造

　異なる2つ以上の事業を行う際に，それぞれの事業ごとに事業部を設け，各事業部に機能別構造を適用していく構造です。

　社長から権限をある程度委譲された事業部長が，各事業部の運営・収益において責任を持ちます。事業を顧客別に分けたり（顧客別事業部），製品別（製品別事業部）や地域別（地域別事業部）に分けたりするといったことがあります。

　さらに，分けられた事業部を社内カンパニー（会社の中に作った会社とみなす）として，社内カンパニー型組織とすると，より迅速な経営が可能になります。事業部を分社化して持ち株会社型構造を作ることも多くなってきました。

　長所としては，各事業部の収益状況を明確に把握しつつ収益を意識した経営がしやすい，社長や経営陣の業務遂行における負担が軽減される，次世代経営者の育成として，事業部長を任せることで，人材育成にもつながりやすい，事業ごとに実態にあった機敏な業務執行を行いやすい，といったことがあります。

　一方，短所としては，間接部門業務が重複すると，組織運営コストがかさみやすい，事業部ごとの利益追求に走った場合は全社的・中長期的な行動よりも短期的な利益を追う行動を取る傾向がある，事業部間で「壁」ができると全社的な情報共有や共同歩調を取りにくくなる恐れがある，権限委譲された各事業部長が全社戦略のベクトルから外れて暴走する恐れがある，といったことがあ

ります。

　以上の他に、短期的に部門横断型のチームを作り上げて情報共有を密にして、様々な部門の意見を取り入れて業務執行するプロジェクト・チームの設置や、プロジェクト・チームに対してより長期的・安定的に様々な部門の意見を吸い上げながら業務執行するためのマトリクス型組織を設定する場合もあります。

　いずれも、上記のような組織構造の課題を克服する上で注目すべき組織構造ですが、注意しなければならない点もいくつかあります。プロジェクト・チームでは、リーダーに有能な人材を選定しないと各部門の専門家を統率できないし、リーダーに大幅な権限を与えずには部門横断的な課題を解決しにくい状況がありますし、有能なメンバーを出した部署の業務遂行力が一時的に低下するという課題もあります。

　マトリクス型組織では、縦と横の指揮命令系統が混在して混乱を招く恐れがあるということも指摘されていて、縦と横の管理者が相互に情報共有していないと、バラバラな指示が下される恐れがあるという状況もあります。

　以上のように、組織構造によって、長短や留意すべき点があります。それらは、監査人が各社の実態や、組織構造・組織形態によって構造的に現場の方々の心理性が規定されやすいということを踏まえて監査すべきことなのです。

　監査人は、現状ありきで何でもかんでも今の何が問題だからどう対症療法を施せばよい、という考え方ではなく、そもそも、自社にあった組織形態や組織変革が必要であり、実効性ある監査につながるならば、ゼロ・ベースでの検討を含め、現状の皆様の組織構造を見直し、新たな構造にする際、長短・留意点を念頭に置いて監査業務を行っていただく必要があるのです。

　構造的な問題点に直面した際に何らかのお役に立てるのではないかと思います。それぞれの会社が置かれた経営環境や運営上の制約・条件等を考慮し、ベターな組織構造を選択されることを祈念致します。

8 監査基準という「思考停止」，監査計画という「共謀罪」

　監査の形骸化を生んでいるのは，実は，これまで最も大切だといわれてきた監査基準と監査計画に依存してしまって起こる監査人の思考停止や感受性・違和感の欠如というリスク要因だということを知る必要があるでしょう。

　監査基準にさえ依存しておけばよい，という心理が監査人における思考停止を生み，現場のそこかしこに見受けられる問題解決の糸口や監査人が感知すべき違和感などを見落とさせ，ヒトとヒトの千変万化の実態を見誤ることになっている方々が多くいらっしゃいます。

　監査計画を立てることで，システマチックに監査しているつもりであっても，被監査側に「監査が来た時だけ問題ないようつじつま合わせしておけばいい」と思わせ，監査側も一時的に形式だけ「整えさせた」現場の帳票や証跡を見て，監査適合のお墨付きを与えるという「共謀的な愚行」に陥っているような監査の実態が問題なのです。

　監査人であるあなたが「現場の実態」と思って監査していることは，本当に，あなたが往査していない時の「現場の実態」でしょうか？

　監査基準を監査人側が都合よく利用しているだけではないのでしょうか？

　監査計画を立ててそのままこなせばそれで十分なのでしょうか？　臨検という堅い言い方ではなくとも，もっとソフトに現場の実態を直接知る工夫が必要ではないかと筆者は感じております。

　もちろん，筆者は何も，「監査基準は一切用いてはいけない」とか，「監査計画は絶対に立ててはならない」と言っているわけではないことは，賢明な読者

8 監査基準という「思考停止」,監査計画という「共謀罪」

諸氏はご理解いただいていることでしょう。

要するに,監査人が安易に監査基準や監査計画に依存して,アリバイ作り型の監査をしてしまいがちな心理的陥穽に警鐘をならしているのです。

監査基準も監査計画も,監査人がそれらを用いる際に潜んでいる監査の実効性を低下させかねないリスクを十分にわかった上で,現場に入って監査人の違和感やこれは本当にこのままの状態でよいのだろうかと感じることをスタート・ポイントにして,「創造的に感じ・考える監査」になるのであれば,それらは一定の意義があるでしょう。

ただ,往々にして,監査人が誰かの模範解答をそのまま書き写して有能な監査人であるかのように自らの心にも,現場にも,経営陣にも,優秀さや正当さを安易に装う心理的なワナがあることを筆者は危惧しているのです。

そういったことを避けるため,筆者は,監査基準や監査計画などの知的武装を解除して,現場に飛び込んでいただきたいと申し上げている次第なのです。

そこで,拙著『監査コミュニケーション技法 "疑う流儀":監査心理学による監査を通じた幸せづくり』(税務経理協会)でも触れておきました,「コンプライアンスの関連痛」についてここでも触れておきたいと思います。

【コンプライアンスの関連痛】

筆者の母は坐骨神経痛(腰の疾患)を患っていて,無理をした際によく「足首に痛みが走る」ということを聞かされました。これは,医学的には「関連痛」というものらしく,ある医師と話をしていた際に筆者に教えてくれました。

ある部位で発生していると感知した痛みが,実は,その部位の疾患ではなく,別の根本的な問題発生部位にある異常が別の部位で痛みとして認識されるようです。

このような場合,足首が痛いからといって,足首に痛み止めの注射をすればよいという対応だけでは,坐骨神経痛の根本的治療や,そのために起こる足首の痛みの再発防止につながる対応になっていないその場しのぎの「麻酔」が,痛みを瞬時に取り去る魔法の杖ように見える監査人における心理的なワナには

まりがちです。

　足首の痛みという問題を解決する試みをした翌日から，また，同じような問題が再発し，ひたすら対症療法が繰り返されることになりそうです。

　筆者は何も医学講座をしようとしているのではなく，この関連痛という考え方を，実は，コンプライアンス経営や内部統制における監査の場面で応用して考えなければならないものだと思っています。

　監査人の方々は，日々，社内で出てきた様々な法律的問題と奮闘していらっしゃいます。それが多くの場合，法令リスクを並べたて，立派な対症療法が書き連ねられた対処記録としてまとめられ，それだけで自己満足してしまっています。

　肝心な根本的な「企業の病」の治療・再発防止につながっていない現状が散見されます。コンプライアンス経営・内部統制の実効性を問う際に，「関連痛の痛み止め」と「根本的治療」を混同する心理的なワナにはまらないようにしなければなりません。

　これまで見てきた多くの場合，問題が発生した後に法令違反の有無について後手に回った対応を繰り返し，結局は，「悪者探し」に終始する法令解釈や法的手続きを，現場から離れた本社にある立派な椅子が並んだ会議室で行われています。

　これまで多くの監査人の方々からは，「わが社は何でコンプライアンスや内部統制が浸透しないのでしょうか？」とか，「わが社の人材は低レベルで頭が痛い」というような話を，超大手企業から地方の中堅中小企業に至るまで，似たようなお悩みのご相談を受けることがありました。

　大切なのは，「悪者探し」ではなく「原因探し」です。「このように決めてあるからこの通り守られているはずだ」という，実際にチェックしていないのに根拠なき絶大なる確信を持つ担当者様も多く見かけます。

　大事なのは，何も難しいことではなく，中学校までに習う漢字8文字の原則を徹底できているかどうかです。要するに，コンプライアンス経営や内部統制の実効性と組織における自浄作用の肝である「早期発見・早期是正」の体制構

築と実践あるのみです。

　そのためには，足しげく現場に赴き問題点を洗い出すという監査の現場主義における基本の徹底が必要です。

　お金儲けの戦略・業務活動での意思決定は，経営陣が率先して行いたがりますが，リスク管理の意思決定については，極めて曖昧なまま，何となく問題を対症療法でやりすごしたり，実態を検証せずに漠然と対応らしきことをしたりしてその場を取り繕っているようです。

　現場の風土や職場環境を肌で感じ取り，前述の関連痛の視点から，根本的な問題はどこにあるのかを検討・発見しようとする姿勢が必要です。

　監査人の方々は，関連痛として出てきたような法律的問題を，法律でのみ対処しようとして，目先の対症療法の繰り返しというワナにはまってしまっているのです。

　法律的問題を起こす主体は何でしょうか。その答えは，机や椅子といった物体ではなく，まぎれもない人間そのものです。

　正確には，人間の心（心理）が法律的問題となる行為を引き起こします。

　人間の心が引き起こす法律的問題を，無機質な法律・条文解釈でのみ対処するだけでは，問題の根本的解決に至りません。根本的治療に至る重要な視点としては，以下の3点が挙げられます。

① 　現場に赴き，内部監査部や法務部やコンプライアンス室の方々が，自社を問診（一見して法律的問題と関係ないように思われる日頃の悩みも含めたお悩み相談やヒアリング）し，触診（現場の職場風土や作業環境を肌で感じ取る）をして，さらに，ＣＴスキャン（これは，日本初で筆者が開発・監修した内部統制意識調査「内部統制・リスクマネジメント健診」を用いるとよいです）によって，自社内の問題をピンポイントで把握するようにしましょう。

② 　法律的問題を法律・条文解釈だけで対応しようとせず，法律的問題を引き起こすに至ったプロセスや環境を把握しましょう。

③ 　往々にして，プレッシャーやストレスや職場内の人間関係や文化的背景の相違等という心理面での問題や，構造的な問題としては，慢性的に作業

量が多いとか人事制度の問題から考課における不満要素が積み重なっているというような問題まで，表出してきた法律的問題とは直接関係ないように思われる「関連痛」の原因を遡って改善・対処するように心がけましょう。

9 「クロスワードパズル」を解きたがる監査人

　最近はやりの「数独」「ナンプレ」や，昔ながらのクロスワードパズルは，「机の上で，紙の上だけで考え，すべてが紙の上だけで完結」する謎解きで，自社や現場の実態に即した監査において，「知能指数の高いバカ」な監査に陥りやすいリスクを孕んでいます。

　内部監査も監査役監査も監査法人の監査も，とかく，監査人は現場の様々な課題解決の糸口を見ようとせず，監査報告書や紙の上だけで考えた「改善提案書」で済ませようとする傾向があるのは問題です。

　高度なＩＴ経営がごく普通に行われ，ｅ文書化のように書類そのものが電子化されているような昨今，ＩＴデータの現物や現場で用いられている書類そのものが，実は，現場に行くより本社のサーバー内でチェックする方が理にかなっているケースがあります。

　それゆえ，旧来は現場の現物を見に行くためにあった往査は，今は往査は現場の書類を見に行くためにあるのではなく，現場そのものや現場の風土や現場にいる人そのものを見に行き，監査における違和感や現場の実態を監査人が感じ取るためにあるのです。

　現場はヒトとヒト，上長と同僚と部下，社内外からの圧力，ヒトとヒトの人間模様，作業環境や職域ごとの慣行など，様々な課題を生じさせる「問題の糸口」がより集まっているものなのです。

　現場の問題と，その背景にあるもの，帳票やログなどの紙や画面に現れる前の現場の実態を知り，本社の会議室での監査関連会議ではなく，現場で問題を

解く必要があるということを念頭に監査にあたっているか，ということを，今一度，監査人の方々は見つめ直していただきたいと筆者は思っているのです。

そして，そういった新たな往査によって，監査における見えざる先行指標であるＡＩＬＩを把握して行っていただければと筆者は願っています。

監査における結果指標のみに偏重する監査のあり方では，どうやっても，後手後手の監査対応しか生み出しません。

消防士さんですら，火事が起こったら出動すればよいだけの職業ではなく，防火指導として，そもそも，火事を起こしにくい指導をされていらっしゃいます。

監査人は，火事になってから出動すればいいという姿勢や心理を保ち続けるだけで，監査の明るい未来を見出せるのでしょうか。

監査人は，問題が起こる予兆やＡＩＬＩに対して，その目が節穴のままでよいのでしょうか。忙しいから，面倒だから，よくわからないから，などといって，監査人が現場に赴き試行錯誤し創意工夫して自ら問題を見出し，自らその問題の解を探し求めようと苦心しないことが，スマートな監査の高度化なのでしょうか。監査人であるあなたは，穴埋め問題が出題されるまで待ちますか？

10 何のための監査？　何のために働く？：
感じ合い理解し合う監査
"EQ Based Auditing" へ……

　監査人であるあなたにご質問です。「監査って，何のためにやるんでしょうか？」

　この問いをされて，「法律で決められているからやっている」とおっしゃりたい方がいらっしゃるかもしれません。

　また，「これまでやってきたからやるべきだ」とか，「監査計画が策定されているからその通りやるだけじゃないか」とおっしゃる方もいらっしゃるかもしれません。

　しかし，法律で決められているとか，これまでやってきたからとかという上っ面の解答に自己満足せず，突き詰めて監査を考えてみれば，社会で働く上で，会社も従業員も消費者・お取引先・社会全体も幸せになるために，「健全に儲け続けるための仕組み」（内部統制）を実践し，その実効性を高めるために監査がある，つまり，幸せになるために監査を行うのではないでしょうか（不幸になるとか，誰かを不幸にするために監査をすべきでしょうか？）。

　監査心理学として，「幸せ」を心身ともに感じている人が，あえて，その「幸せ」を壊す方向に向けて不祥事をしようと思いにくい心理（不正の動機の低減）があります。

　監査や内部統制を通じていかに幸せな会社を作れるかが，監査人が監査を行う上での最も重要な視点ですし，様々な統制行為を行う中で，従業員の幸福感は最高の統制力を持つ，というように，筆者はいつも申し上げております。

　ここで，「幸せ」は，被監査者が100人いれば100通りの幸せ感があるわけで，

監査のあり方・監査指導の仕方も，唯一絶対のものはなく，現場やそこで働く様々な方々にあった現場目線での監査対応が必要となるのです。

もちろん，監査する人も，監査を通じて幸せになれる方がよいのは言うまでもありません。

監査は論理的で客観的に行うべきだ，という場合も，それは何も論理に偏って客観的という名の下に現場と理解し合えない状況が監査の最高の状態だ，と言っているわけではないことは，読者諸氏のご高見によって見抜いていらっしゃる通りです。

互いに監査を通じて幸せ感を感じ合い，論理偏重で人の心を土足で踏みにじるような監査を行うこと自体が経営執行のリスク要因になることを避けるために，論理性のＩＱだけではなく，ＥＱ（Emotional Intelligence Quotient：共鳴・共感能力）を持った EQ Based Auditing が今，そして，これからの監査において重要なのです。

被監査者に重要な監査指摘を無機質に言い放つだけで監査の実効性は向上しません。被監査者が納得しやすいよう，監査人が説得できるよう，ひとりひとりにあった監査指導のあり方を模索していくことが大切なのです。

11 「話せばわかる」……「問答無用，バサッ」型監査

　監査は正しさを目指しているものの，問答無用で切り捨てるという，"感じる"監査なき正義の追及は暴漢のようで危険です。

　監査側が正しいと思うことを問答無用で押しつけるのは横暴ですし，監査の実効性や現場の納得感ある自律的是正が阻害されることが問題です。

　「こうしたらいいかなぁ」と現場の方々が現場なりに考えて行動したことをバッサリとダメだと言い放ち，「じゃあ，こうすればいいのかなぁ」と現場の方が自発的に考えて行動したこともダメだとバッサリ切り捨てるのでは，被監査者の心理として，「あれもダメ，これもダメで怒られるなら，いっそ，言われたことだけやっておこう」という，監査強化による指示待ち人間の増加リスクを最大化させてしまうということに，監査人は気づかなければなりません。

　監査側が正しさを一方的に主張するのが最終目的ではないのです。正しさや監査指摘事項に沿って，誤りや非効率などを改め監査から毎度毎度のように指摘・指示されなくても，納得感を持って「なぜこうしなければならないのか」「こうした方が相互の幸せのためによいのか」を理解していただき，現場が自律的に是正・改善・変革に取り組んでもらえるように監査マインドを高めていくことが，監査で重要な着地点なのです。

　また，誰が正しいか，誰が悪者かを誇示・明確化するのが監査の最終着地点ではありません。裁判ですら，「更生」を目指した判決・裁判官の諭しがあるわけで，正しさを盾にとって，何でもかんでも悪者探しと死刑判決を出しまくるような監査は，悪代官の憂さ晴らしのようで異常ともいえそうです。

現場の「悔悛の情」の勘案や自主「更生」を目指しつつ，あくまでも，幸せを目指す上で必要となる「不正を許さぬ風土作り」を行うことが，監査人に課せられた重要課題なのです。

　ちなみに，監査を強化する，と意気込んで厳罰化を目指す方々がいらっしゃいますが，監査における即効性がありそうな「抗生物質」の大量投与は，最初は効き目がありますが，次第に「耐性菌」が生じるように，より巧妙な不正を誘発するリスク要因でもあることを理解しておく必要があります。

　もちろん，再発防止において，監査人の心理として，厳しく罰して規律を整え直したいという思いが悪いわけではありません。問題は，その対応の仕方・工夫にあるのです。

12 猜疑心ではなく健全な懐疑心による監査

　専門家として，監査人が物事を「疑う」ことは大切ですがそこには欠かせぬ流儀があります。監査を行う者として，物事を「疑う」ことは大切な要素の1つではあるものの，同じ「疑う」という2文字でも，疑い方が問題なのです。

　監査の際にあちこちでいろいろな「もういい加減にしろよ！」と言いたくなるような問題が日々起こって監査人が怒っていたり心中穏やかでない状態で監査をしていると，監査で横柄になったり，監査指摘の言い渡し方・言行がパワハラと言われかねないリスクが潜在します。

　監査は決して，「万人の万人による闘争・疑い合い」を目的にしているのではなく，むしろ，職場でお互いに信じ合って幸せに働き合えるために行うものという意識を持つことが重要です。

　同じ「疑う」という2文字でも，根本的に異なる疑い方として，監査人が抱くべき「疑う」ということは，「猜疑心」ではなく「懐疑心」が重要だということを筆者は常々申し上げております。

　ここで，大辞林の辞書の解説をベースにこれら2つの違いについて触れておきますと，懐疑心の「懐疑」とは，物事の意味・価値，また自他の存在や見解などについて疑いを持つことであり，本当にできているか効果を問うたり，監査人自身が様々な観点から見直して妥当な対応ができているかを根本的に見つめ直すということになります。

　一方の猜疑心の「猜疑」とは，人の言動を素直に受け取らないで，何か企んでいるのではないかと疑うことであり，問題の原因探しというより悪者探しに

終始したり，監査人はそもそも絶対なる正義であり被監査者は常に絶対なる悪者になり得るという前提で，相手を信用・尊重したりしないという監査人の心理性を持っていることになります。

つまり，後者の猜疑心が漂う監査人においては，論理的思考の前提が，既に，現場は悪であり監査人はいついかなる場合も善である，という非論理的な心理的陥穽に陥ってしまっていることになります。

当然，監査人も人間であり完全無欠の存在ではなく，日々，怒りっぽい時もあれば穏やかな時もあり，また，誤った判断を行ってしまう可能性を秘めた存在でもあるのです。

倫理学を学んで監査人が高い倫理性を身につけたいと思う心理は必ずしも悪いわけではありませんが，倫理学を突き詰めてみれば，つまるところ，懐疑心をいかに健全に備え発揮して監査に臨めるか，ということになると筆者は考えています。

倫理学を習得しても，現場の方々に「私はあなた方とは違って高い倫理を身につけている高尚な監査人なのだ」と，お高くとまることが倫理的でしょうか……？

13 監査人と被監査者間のラポール形成

　監査において，被監査者に一歩踏み込んで監査指導を行う際に必要となるのが，指導時の会話のニュアンスで示す相手の尊重と共感として，心理カウンセリングでよく出てくる基本的な「ラポール（Rapport）」があります。

　心理カウンセリングにおいて，セラピストと患者（クライアント）との間で，相互に信頼し合い安心感の下で自由闊達に感情や情報の交流ができる状態のことを意味します。

　監査においても，被監査者は車検のように機械の点検をする対象ではなく，ココロを持つヒトとの対話や対峙や関係性の構築行為である以上，ラポールが築けるかどうかが監査の実効性を高めるかどうかの分かれ目です。

　極論ですが，ある意味で，監査は心理療法のようなものと見ることができそうです。人の心が動かなければ人の行為が変わらないのです。

　しかし，旧来の監査において，半ば疑う余地のない前提のように据えられていた監査人の心理構造では，遵法・監査基準に沿うかどうかだけの無機質な対応をよしとして，被監査者の心情に土足で押し入り，無理やり心を押すような対応に陥りがちな状況がありました。

　現場に往査して対話・指導・監査人－被監査者間の関係性の構築において，傾聴やうなずきは，相手への尊重を表す非言語コミュニケーション（ノン・バーバル・コミュニケーション）であり，このような傾聴の重要性は，政治哲学の大家でもあるホッブスの『リヴァイアサン』でも，古くから政治の面でも述べられたことでもあります。

監査人は，監査における被監査者との交流において，ニュアンスとして相手への尊重と正義への揺るがぬ熱意を伝えられるかどうかが課題となります。

　旧来からの監査に慢心している場合，被監査者の心を閉ざさせておいて，監査強化の一環として厳罰化に進みがちですが，原因探しをして課題を実際に解決するに至る監査の実効性向上への道には，被監査者の心を開く・胸襟を開く工夫が必要になります。

　筆者がよく申し上げることに，「ココロ動かざれば現場動かず」ということがあります。監査指摘がどれだけ立派で高尚で論理的であり卓越したものであっても，現場の方々が監査指摘を受け入れようとしてくれなければ，いつまでたっても監査人が優れた監査指摘を押しつけて自己満足しているだけの空虚な監査にとどまります。

　それが，単に空虚なだけの監査ならばまだましです。監査指摘を出しても，被監査者が一応は素直に聞き入れるよう装って聞き流し続けることになれば，監査の形骸化が加速されて監査が健全な経営執行上のリスク要因に成り下がることを筆者は危惧しているのです。

　「じゃあ，どうすればいいんだ」と監査人の方々からご質問を受けそうですが，その前に，「あなたはどう工夫してどう考え何をなしてこられましたか？」と筆者は問いたいのです。

　つまり，多くの監査人が陥る不思議な心理として，監査は既にある既成の正しさにのみ依拠すべきだ，という思い込みが，監査クリエイティビティを生じさえ得ぬ心の超えるべき壁として立ちはだかっているのです。

　監査人が模範解答を待ち続けたり，模範解答とおぼしきものをコピー＆ペーストで用いたりすればよいというのは，言ってみれば，小学生のお子さんが宿題のドリルが与えられるまで学ぼうとせず，また，その宿題も誰かが解答したものを丸写しして学校の先生に提出するような，節操のない状況である，ということがいえそうです。

　監査人は，どれだけ自発的で自由な発想を持って，ヒントに学びつつも自ら自社実態にあった監査のあり方を模索しようとする学びと自己実現を目指して

活動をしているのでしょうか。

　保証型監査だから，決められた通りにチェックすることに何の異論があるんだ，という方は，その保証型監査のあり方や実施に仕方に，懐疑心を持って根本的に問題がないかを見つめ直してこられたでしょうか。

　もし，それでも依然として監査人が「宿題を丸写しして先生に提出する」スタイルを改めないようでしたら，筆者は一言だけ申し上げたいと思います。

　「バケツを持って廊下に立ってなさい！」

14 「価値フリー」で臨む監査と監査ダイバーシティ

　監査人は独立性・客観性を持って監査するべきだと言う割に，意外と被監査者に対して先入観や固定観念や自分の価値観だけでの判断，断罪を行いがちな心理的陥穽に陥っている監査人が多く見受けられます。
　社会調査法でも研究されていることとして，調査対象者には自己の価値観や倫理観をまずは一旦横に置いておいて，調査対象者のありのままを見ていく「価値フリー」での対話・ヒアリング・観察を行うことが第一歩として大事だといわれます。
　監査人の心理背景である自分の先入観・固定観念・価値観は置いておいて，まず，被監査者である相手の言い分や相手の価値観を知り，そこから相手の主張を客観的・論理的に整理することが，監査人における独立的で論理的・客観的な対応なのです。
　傍観者に徹することが監査人の客観性要件ではないですし，相手を論理的に追い詰めて論破する論理性の暴走によって相手の心情を踏みにじることが論理性要件として求められているわけでもありません。
　監査人側が先入観・固定観念・自分の価値観の枠から抜け出せずに監査するというのは，監査における客観性の欠陥を意味しますし，海外拠点での監査においては，各国の従業員の人権軽視にもつながりかねません。
　司法の場でも，「有罪検事」「有罪判事」として，先入観から，最初に「こいつはクロだ」と決めてかかるような姿勢は，公平性・客観性に欠け，自分が何でも正しいという幻想を抱いた「不平等監査」みたいなものでしかありません。

また，画一的な監査対応によって，自社の各現場・各国拠点における現場のダイバーシティ（多様性）を犠牲にすることは，経営執行上のリスクでしかありません。

　監査においても，懐疑心をベースに監査人のあり方・接し方を見つめ直すことが重要ですし，監査人の人員構成においても，日本企業は依然として年配の男性が多いこともあり，監査側におけるダイバーシティが懐疑心を健全ならしめる上で重要でしょう。

　女性の監査人や，若手の監査人が最近では増えてきましたが，日本企業の本社において，監査人の中に外国人の方がどれだけいらっしゃるでしょうか。

　実は，海外拠点での監査が難しいのは，監査人が日本人のみで固められているために，監査人における国際感覚や異文化理解が進みにくい状況があるためではないかと筆者は「感じて」います。

　企業全体でダイバーシティを進められていないことへの監査指摘をして監査を通じたダイバーシティの促進が重要であるということと同時に，監査側がダイバーシティを進められていないことに問題意識を持つことの双方において，監査ダイバーシティがどれだけできているかを見つめ直していただければと筆者は思っています。

15 態度変容・認知不協和という「クロ」対象者のココロの仕組みを知る：不正の正当化は認知不協和から

　人は「不快」な状況を脱するために態度を変容させる，というのが，態度変容，あるいは，認知不協和論として心理学領域で研究されてきたことです。
　整合性がとれない２つの状況に直面すると，人は不快な心理状況に陥ります。例えば，「ダイエットしたい」vs.「目の前のケーキを食べたい」という対立構造があった場合，①行動の変化として，ダイエットのためにケーキを食べない，という対応がなされますし，②考え方の変化が起こった場合は，ダイエットは明日から始める（結局食べる），という自己の行動の正当化が行われます。
　監査推進における認知不協和として，「悔い改めたい」vs.「問題や不正がバレたくないしごまかしたい」という状況があった場合，被監査者における①行動の変化としては，正直にすべて話して悔い改める（望ましい結果）になる場合もあれば，②考え方の変化として，自供しなくても今のままで何とかなるしごまかせる，とか，他の人もやっているからいいじゃないか，などという不正の正当化が起こり得ます。
　語弊を恐れずに平たく言えば，対立する問題構造において，被監査者の左右の肩に天使と悪魔がいて，それぞれに，妥当な対応をするよう「そんなことしちゃダメだよ」という天使のささやきと，「いいじゃねえか，正当化して違反してしまえよ」という悪魔のささやきとが葛藤を引き起こしている状況みたいなものです。
　その際，監査人はいかに説得を通じて被監査者に妥当で合理的な根本的によい対応に導けるか，妥当な対応をすれば目先の利を追う場合と異なりこんなに

将来が開けてくる，不正で企業全体も被監査者個人も破滅しないで済む，というようなことを，被監査者がわかりやすく納得しやすいよう，よい「監査パス・ゴール論」(よい道筋でよい結果を示し導く)で導いていく役割を担います。

そのために，監査人は被監査者が納得して妥当な行動を取る（態度変容する）よう，十分に社内での監査証跡の提示（不正をしてもバレるし処分されて幸せな状況に至れないということを示す）・指導・説得などが必要となってきます。

監査人への処方箋としては，望ましい監査に向けた認知不協和の「不快感」を活用したコントロールとして，①監査の有効性を示す（それでも監査に反対する場合の不快感を高める），②監査を通じた是正への道筋を明示（漠然とした不安を取り除き導きやすい），③経営改革に不可欠であることを認識させる（経営者のメッセージも有効）という3点を意識しておくとよいかもしれません。

16 逆算型監査ではなく積算型監査へ

　司法の場では，往々にして結論ありきでその結論を裏づけるための調査や尋問が行われることが残念ながらあります。

　検察側が，有罪ありきで，有罪になるような証拠・証言を集めることもあれば，弁護側は，無罪ありきで，無罪になるような証拠・証言を集めることになったりして，裁判官は，中立なはずの裁判官ですら，「有罪判事」といわれるような，はじめから有罪ありきの偏った裁判官もいるのです。

　監査は司法の場ではなく，中立で独立性・客観性を持って，事実解明・原因解明を通じて，よりよい経営にするための，より健全に儲け続けることができるようにするための，是正や再発防止の場です。

　したがって，監査人の勝手な憶測や推測，先入観や固定観念で監査すると，誘導尋問や恣意的な監査となり，監査の中立性・独立性・客観性や，監査そのものの信頼性が欠落してしまうリスクがあるのです。

　結論ありきの逆算型監査ではなく，事実を積み重ねる監査をしていこうとする心理性が，健全で本来の意味での独立的で論理的・客観的な監査に至る道なのです。

17 監査指摘・提言を通す「説得」の3つのパターン

　課題解決へ向けた説得の3つのパターンを使いこなして課題解決へ向けた監査にするには，下記の被監査者を説得する上での「心の3つのボタン」を知って使いこなせるようにしておければよいでしょう。

　①　功利的説得は，これをすれば「儲かる」とか損得勘定で「得をする」というものです。

　　(例)　「吐けば刑が軽くなるぞ」「こうすれば退職金はもらえるぞ」など。

　②　道徳的説得は，これをすれば「社会の役に立つ」や「正義だ」という倫理的・論理的なものです。

　　(例)　「法令や規定からこうするのが正しい」「こんなことして，あなたの良心は痛みませんか？」など。

　③　感情的説得は，論理的ではないものの，「何かこれイイ！」といった感情に訴えかけるものです。

　　(例)　「おふくろさんが泣いてるぞ……」「こんなことがニュースに流れたら大変だろ，やめとこうよ」など。

　要するに，相手の「ココロのボタン」が3つのうちでどこにあるかを見極めることが監査人の実効性ある監査指導において重要なのです。

　ちなみに，この説得の3パターンについては，監査現場をちょっと離れて，深夜にテレビを見ているととても身近でわかりやすい「生きた教材」があります。

　それは，テレビの通信販売の番組なんです。例えば，エアコンを販売する通

販番組のコーナーでは，自然と説得の３パターンを織り交ぜて，いろいろな視聴者の方々に購買意欲を持っていただけるよう語りかけています。

例えば，「この番組をご覧になっている方には，何と，今お電話いただければ，さらに１万円割り引きます！」というのは，説得パターン①の功利的説得で，いくら得するかを訴えかけているものです。

また，「何とこのエアコン，通常のものより省エネでCO_2排出量も少なく再生部品を使ったエコな商品なんですよ〜」というようなセールストークでは，このエアコンを買うことは社会的によいことなんだ（最近はやりのいわゆる「エシカル消費」）ということを，説得パターン②の道徳的説得で訴えかけているものです。

さらに，「実は，この最新型エアコンは，女優の〇〇さんも愛用しているんですよ〜」というようなセールストークでは，説得パターン③の感情的説得で訴えかけていますよね。

これは，「女優の〇〇さんが使っている＝よい商品」とは論理的にはつながりにくいですが，「へぇ〜，あの有名人も使っているんだ〜。何かいいね〜」という消費者心理を掻き立てているわけです。

ということで，監査人の方は，たまには深夜の通販番組を見て説得パターンの使いこなしと相手を説得する上での心理性を学んでみるとよいかもしれません。

ただ，寝不足による体調不良にはご注意を……。

18 6W2Hで進める監査の流儀

よく，仕事の基本は5W1Hだといわれたりしますが，監査も経営活動の一環である以上，それは必要ですし，それだけでなく，いくら監査を通じて経営変革や望ましい状態に監査人が被監査者を導こうとしても，場合によっては，予算がないために対応しきれないこともあり得ます。

そのため，5W1Hだけではなく，How much という観点も加えつつ，下記の6W2Hが監査人の留意すべき点としてまとめてみました。

課題の発見（What?）
問題の核心はどこにあるか原因探しする（Where?）
原因の分析：「なぜ？」で思考の深堀り（Why?）
分析を統合して解決策を立案（How?）
アクションプランの策定（Who?／When?／What to do?）
是正活動にいくらかかるか？（How Much?）

もちろん，独立性の観点から，監査人が経営執行と監視を兼ねるわけには参りませんが，積極的に助言することや，改善提案として具体的な指摘・対処指導を行うことまでは禁じられているわけではありません。

一歩踏み込んだ監査で，しかも，現場の方が，なるほど，こうすればいいのね，と納得感を持っていただく上で，監査人が積極的に具体的な是正策を献じることは，筆者は望ましいことだと感じています。

逆に，問題点だけを言い放って，「はい，独立的・客観的な監査の立場から，後は現場でよろしく」というのでは，現場の方からすると，「ろくに現場を理解せず何をのんき気ままに指摘を出しちゃってくれてるの？」と不快感が漂うことでしょう。

　監査指摘・改善提案・是正勧告・助言型監査など，何かを言い放てばよい，ということではなく，監査人は，これらにおいていかに被監査者が納得感を持って受け入れてくれるか，という観点で考え提言してこれたかということが監査の実効性向上において問われているのです。

19 真実は揺らめきながら存在する……

　海外拠点の監査を担当された方々は既にお感じになられていらっしゃる通り，事実は1つでも，その意味解釈や意義は被監査者の文化的背景や心理性や倫理観や価値観などによって多様であるということが，監査の実効性向上において頭の痛い課題でもあります。

　例えば，ある規程に違反したという事実は1つでも，監査対象拠点の国の文化や倫理観や心理性や価値観などによって，その被監査者の意図が，単に問題行動を起こして経営執行上のリスクを発露させてやろうというものではなく，むしろ，誰かのメンツを守ったり，誰かをかばうことで仲間を守ったりするという意図から行われるという，現地における経営執行上の円滑さを意図しての違反かもしれません。

　物事は単体では意味をなしません。例えば，ここにトンカチがあったとしましょう。何となく，ある監査人は，職場でトンカチを見たら，それは「作業で用いる道具」と意味解釈するかもしれません。

　しかし，もし，ある職場で殺人事件が起こり，事件の現場で血糊がべったりとついた床のそばにトンカチが置かれていたら，それは「誰かを殴打して死に至らしめた凶器」と監査人が意味解釈するかもしれません。

　つまり，物事の意味はコンテクスト（文脈）という，周りの状況や意味解釈における前提となる各国各拠点での文化性・心理性・価値観・倫理観などの状況によって，同じ1つの事実でも，異なる意味を持つものなのです。

　つまり，事実は1つでも，その「真実は揺らめきながら存在する」わけで，

海外拠点の監査にあたる監査人の方は，異文化理解のスキルを高めておかなければ，実効性ある監査には至りにくいのです。

　これは何も国外だけの問題ではなく，日本国内の日本の法令においても，事実として「ある人を刺殺した」ということも，それが恨みによる犯行なのか，はたまた，自分の身に迫った危険を回避するためにやむを得ず行った正当防衛なのかというように，真実は多様な側面を持って揺らめきながら存在します。

　真実を見極めていく上でも，監査人は，既に述べました「懐疑心」を持って物事や事実に臨む必要があると筆者は思っています。

　多様な観点から監査人の対応が妥当なのかどうかを見据える上で，海外拠点での監査においては，異文化性という視点が必要になる，ということでもあります。

　監査におけるグローバリゼーションのキーとなるのは，やはり，健全なる「懐疑心」にあると筆者は感じています。

20 監査による組織変革の要諦

　監査人は独立的・客観的な立ち位置からでも，監査指摘や是正対応を通じて，健全な企業活動に向けての組織変革をリードする役割を担います。

　その際，監査人が組織変革推進リーダーとして，孤独に耐える必要があるとともに，よき協力者を味方につけることも必要になります。

　監査は「完全無欠なきれいごと」で完結するわけではなく，組織内政治に翻弄されることもあれば，有力者の協力を得て監査人が健全な企業への組織変革の大役を担うことにもなり得ます。

　また，往々にして，監査人がマイノリティー（少数派）として苦慮する場面がありますが，組織変革の推進の役割を担う上で，マイノリティー・インフルエンス（少数派の影響力）についての心理学上の研究成果を活かすことが求められることもあります。

　簡単に言えば，少数派として変革を進める上では，譲れるところは譲りつつ，妥当であり譲るべきではないところは一貫して正当性を主張しつつ譲らない，という，外柔内剛で芯がブレない対応が効果的であるという研究成果が出ています。

　また，監査の指摘を受け入れたら，確かに企業がよくなった，という短期的成果を上げられるように配慮するとともに，その短期的成果が監査人の長期的成果を追求する上での各ステークホルダーに納得させ同調行為を導くよう，フェーズ感を持った是正指導・監査指摘を行うようにすることも重要だったりします。

同調行為を導く上で，監査対象事項・監査指摘事項などに関して必要な知識や対応について，監査人が啓発活動を通じて，危機感に対するメンバーの感受性を高めて変革気運を盛り上げることも必要な場面があるでしょう。

　監査人が現場から遠い形式的に存在するものではないと現場の方々に感じていただけるよう，監査人がオープン・コミュニケーションを通じ，被監査者とのラポール形成や一定の有効性と一定の緊張感を持ったよい関係性を構築できるように努めることも大切です。

　また，監査人自身が，俗説や定説に固定観念を植えつけられずに事実と真実を客観的に見つめ直すことが，監査人の客観性要件としても重要だったりします。

　組織変革においては，社是・経営理念に端を発する大事なコアな部分は変えずに，激変する経営環境に適応できるようにする視点："Preserve the core, stimulate progress"（Collins & Porras 著の"Built to Last"より引用）を持つことが監査人としても求められます。

　もちろん，変革後に安定性を持って，変革の成果を定着させるという，改善・是正だけではなく，定着という視点も大切です。一旦変わったものの，しばらくすると元の木阿弥，というのでは問題があるでしょう。

21 監査人こそ必要な起業家精神

　監査人は旧来の監査のあり方からすると，とかく静的な存在と理解されがちですが，経営活動の一環である監査を行う上で，監査人こそ，プロアクティブ監査を行う上でも，起業家精神に学ぶべき点があります。

　ここでは，監査人に必要な起業家精神について，下記の5点を触れておきたいと思います。

① 主導権を取って集団や各種リソースをまとめていく：派手であれ地味であれ，リーダーシップを取ってまとめる。

② 「火つけ役」と「触媒」の役目を果たす：傍観者的なアナリストではなく，自ら理念を語り，行動し，メンバーの心に火をつける。

③ ビジネスの健全な方向性を決める決断ができる：大まかな方向性を提示し，コンセンサスを得て人を巻き込み，細かな部分は専門家とも協働しつつ物事を進める。

④ 発明家である：合理的方法の発見や開発など，監査クリエイティビティを発揮していける，試行錯誤し監査の工夫をこらす。

⑤ リスクを取っていける（Risk taker）：失敗を恐れては何もできない。監査はリスクを減らすことだと言いつつ，プロアクティブな監査や是正活動をしないことで監査の実効性が高まらないというリスクに目をつぶってはいけない。リスクを取らないというリスクもある。

22 自ら問題設定して 自ら答えを導き出す姿勢

　受験勉強や期末試験は，学生が誰かから与えられた問題を解くことが依然として多くありますし，穴埋め式問題を華麗に解くことが受験で有利に立つこともあります。

　しかし，監査も含めたビジネスの世界では，基本的には何もしなければ誰からも問題が与えられないですし，その問題が与えられる場合も，穴埋め式問題というより，実効性ある対応においては，言ってみれば自由記述式の問題だったりします。

　模範解答や穴埋め式問題の「指示待ち」型の監査人がこれから重要なのではなく，監査人が自分で考えて動く（自律型人材になる）ことが求められています。つまり，問題が何かを自ら考え見出し，その問題に自ら解を見出していくことが必要なのであって，どこかの誰かが監査基準を作ってくれて，それに従えばいいや，という監査人が実効性ある監査を担えるわけではないのです。

　そこで，監査人は，今，会社としてどうあるべきか，そのためには，今，何が必要か，そのためには，今，何が問題・課題となっているか，そのためには，今，何をしなければいけないか，そのためには，今，何が自分に足りないか？必要か，そのためには，今，自分がどうしなければいけないか，何をどのように考えたか，問題解決のためにどんな行動をいつ行ったか，その結果，どのようなことが起こったか，という点を自省してみる必要があるのです。

23 粉飾決算・不祥事を引き起こす心理

　経営陣や幹部社員において，粉飾決算や各種不祥事を引き起こす心理背景としては，下記のようなものを監査人として見据えておく必要があるでしょう。
　①利益を安定的に計上し安定配当を実施（保身）するため，②株価上昇による時価発行増資額を増大（資金調達）するため，③株価上昇でストック・オプションでの利益獲得・株の売却益のため，④利益増加による順調経営に見せかけての融資獲得のため，⑤過去に行われていた粉飾決算の継続のため，⑥経営者自身の保身や報酬増大化のため，⑦発表済みの業績予想から大きく乖離することへの恐怖感のため，⑧外部からの信頼性を高めたいため，といった心理背景が，ついつい不正に走る動機となり得るのです。
　また，現場の社員においては，過剰なノルマがある一方でリストラの危険性を感じている社員などがついつい循環取引に手を染めて，見かけ上はよい営業成績を上げていると見せかけたいという心理的陥穽に陥ることもあります。
　また，上司の期待が厚い部下ほど，実は，その部下が巧妙に不正を行ってよい営業成績を維持し続けていた，ということも多々ありますので，監査人は，上司の信任が厚い部下の方ほど，しっかりとチェックするようにしておいた方がよいかもしれません。

24 ホワイト・カラーの引き起こす問題例

　「共謀」というと，何か大掛かりな問題であるかのように感じたりしますが，ごく身近なところに存在していたりします。
　内部統制の強化ということで，職務分掌をしていても，担当者間の共謀により犯罪化することは内部統制の限界として排除しきれません。
　購買担当者が取引先・調達先からのリベートをもらうという問題は，筆者が知る限り，経営者や監査人にコンプライアンス研修を実施する某社団法人とそのグループ会社でも行われていた問題です（リース契約にからむものなど）。
　また，取引先との共謀による架空取引・循環取引も，残念ながら，某大手ＩＴ企業の部門長（その部門の内部統制における総責任者）が起こしていた問題でした。
　さらに，「上司と部下の共謀による不正経理」というと，大掛かりに感じそうですが，どこかのキャバクラやクラブに私用で部下のAさんと遊びに行って，次の日に「A君，これはB社さんの接待として領収書を処理しておいてくれ」，「はい，わかりました」と言った瞬間から生じる不正です。ごく身近に起こり得そうですよね。
　また，上司の心理として，部下からの不正の指摘を握りつぶすことも，レポート・ラインで上がってきた不正情報を，自らの管理責任が問われるのがいやで，握りつぶすこともあります。不正はちょっとした心理から……。

25 コンプライアンスに聖域・職域なし！

　独立的・客観的な監査人といえども，ついつい，社内の有力者やカリスマ経営者などには，心理的に監査しづらい思いを抱いたり，ある部署や職域が聖域化していてそれに違和感を抱かなかったりすることがあるようです。

　筆者が常々申し上げることに，大切なのは，「誰に」従うかではなく，「何に」従うか，という観点だということと，ありきたりではありますが，「法の下に人は平等」だということがあります。

　あなたの社内で，特別な「雲の上の存在」とか「聖域」はないでしょうか。法の前に人は平等だとよくいわれる割に，社内においては，監査人が容易にタッチしにくい方がいらっしゃいませんでしょうか。

　聖域やツルの一声といったものに法や監査が歪められてはいけませんし，職域別（工場ライン，研究，事務系など）の壁はあっても，法や監査上の壁はあってはなりません。

　他の職域の人が犯すミス・事件・不祥事に対して，ある被監査者が自分は無関係だ，ということで片づけさせるようでは問題で，会社の一員として不正等を正す義務があることを監査人として指導できていますか。

　不正がある・証拠があるという確固たる状況でなくても，まずは監査部門やホットラインに相談する，1人で悩まないよう，監査人は指導して差し上げましょう。

26 不正のトライアングルと「不正の動機」への対処

犯罪心理学の大家であるクレッシーがまとめた「不正のトライアングル」という概念は，監査に携わられている方々は広くご存じのところかと思われます（下図参照）。

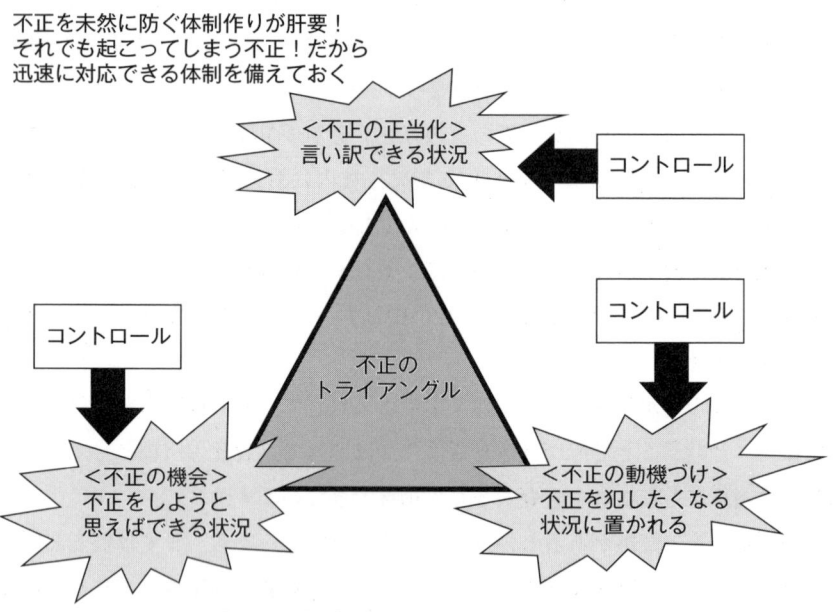

不正を未然に防ぐ体制作りが肝要！
それでも起こってしまう不正！だから
迅速に対応できる体制を備えておく

```
          ＜不正の正当化＞
          言い訳できる状況  ← コントロール

コントロール
    ↓
                  不正の
                  トライアングル

  ＜不正の機会＞                ＜不正の動機づけ＞
  不正をしようと                不正を犯したくなる
  思えばできる状況              状況に置かれる
                                      ↑
                                  コントロール
```

Donald R. Cressey "Fraud Triangle"

26 不正のトライアングルと「不正の動機」への対処

　この三角形の3つの頂点が揃うと，人は誰しも不正を起こしやすくなるというモデルです。

　例えば，ごく普通の社員さんでも，たまたまギャンブルに手を出して1,000万円の借金を背負ってしまい（不正の動機づけ），たまたま自社の金庫番を任されていて金庫の暗証番号を知っているし鍵も預けられていてその気になればいつでも金庫からお金を盗みとれる機会がある（不正の機会）中で，「そういえば，オレはサービス残業をずいぶんさせられてきたなぁ……。時効までの過去2年間で1,000万円分くらいは働いたんじゃないだろうか……。ん，待てよ。そうすると，金庫内にある5,000万円のうち，1,000万円くらいはオレがもらっていてもおかしくないお金，いや，そもそもオレの金なんだ」と感じ，不正にお金を盗む正当化（不正の正当化）があると，一気に不正になだれ込んでしまいかねないわけです。

　ここで，不正の機会によるリスクを減らすには，金庫の暗証番号を知っている人と鍵を保管する人を別々の人にして，1人で勝手に不正ができないようにすることが監査上の対応として考えられます。

　また，不正の動機づけに関しては，不正行為者の心理面のカウンセリングを，メンタルヘルスの対策と兼ねて，ＥＡＰ（Employee Assistance Program）として心理カウンセラーに相談できる制度を設けることで対処できるかもしれません。

　さて，残った不正の正当化についてですが，これが既に述べておりました，認知不協和論に関わる問題だったりします。不正を働かないようにする最後の砦のようなものでもありますが，監査人は被監査者の心理が不正の正当化，つまり，思考の変容ではなく，行動の変容として，健全な行動（不正をしない）に導けるよう，日頃から，現場の中で指導・教育・対話を進める必要があるのです。

　最近の日本企業で多いパターンとして，この認知不協和において，思考の変容に至りにくいように倫理学を従業員に学ばせる対応が取られていることがあります。

しかし，「わが社はちゃんと倫理学の研修をしました」という，半ばアリバイ作り型の集合研修で，後は知りません，各個人の問題です，といった姿勢を決め込む企業が多いのは残念です。

　研修を受ける側，監査人から見れば被監査者の側の心理としては，研修は研修として受けるけど，現場は現場の力学でこれまで通りでいいや，という研修と現場のダブルスタンダードを器用に使いこなしている感があります。

　そのような状況下で，監査人の心理としては，倫理学を学んだのだから，全従業員がその通りに倫理的行動をしてしかるべきだ，という思いがあるのも無理はありません。

　しかし，監査や内部統制などの実効性を高めるためには，認知不協和論でいうならば，思考の変容として不正の正当化をすると不快な心理状況になるほどに，日々の仕事や職場風土に，学んだ倫理性に沿った意思決定や処遇や人事評価がなされなければ，容易に悪魔の声に負けやすい状況を放置しているような感があります。

　研修をすればよし，ではなく，わかるまでできるまで指導をする，現場に赴き不正の予兆を感じ取る，仕組みとしてリスクを減らせるところはあらかじめ手を打っておく，という監査対応が必要なのだと，筆者は感じています。

27 「儲けたらボーナスをやる」の落とし穴

結果だけを指示して、これだけ儲けたらこれだけボーナスをやる、という職場では、結果に至るまでの2つの道のうち、往々にして左側の問題ある経路を通って結果だけを求めてしまいがちな部下・従業員の心理が働きがちです（下図参照）。

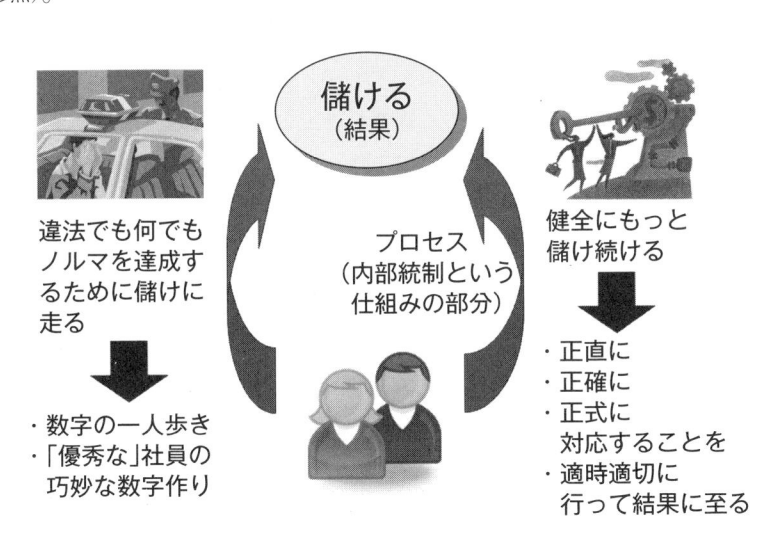

儲ける（結果）

プロセス（内部統制という仕組みの部分）

違法でも何でもノルマを達成するために儲けに走る
- 数字の一人歩き
- 「優秀な」社員の巧妙な数字作り

健全にもっと儲け続ける
- 正直に
- 正確に
- 正式に
  対応することを
- 適時適切に
  行って結果に至る

これまでの成果主義、目標管理制度、年功序列制度（年を経ればそれだけ実力・能力が上がるという前提での成果報酬制度）では、内部統制が崩壊しかねません。

売上をいくら達成したかや、どのくらい業務知識を深めたか（教育の観点）や、

どのくらいお金を儲けるための戦略目標を達成したか，ということは人事評価されても，リスク対応への貢献度が評価されていないケースが多いのは問題だと筆者は感じています。

コインの裏表の関係にある，儲けるための活動の裏側，つまり，リスクへの対応と持続的発展を遂げるための最適解の選択への評価がなされていない傾向があるのは，現状の人事評価制度における問題点だと筆者は感じるのです。

単に「儲けを上げろ」と言えば，ハイリスク・ハイリターンの手をリスクへの対応なく打ってしまいかねない従業員の心理を勘案すべきではないかと筆者は思っています。

各職場において，結果だけを指示するのではなく，どのような健全なプロセスを経てある結果に至るかについて指導されなければ，延々として，不正がはびこりやすい職場環境が放置され続ける恐れがあります。

監査人は現場に往査に行く際に，現場で上長から部下にどのような指示・指導のされ方になっているかについてもチェックしておく必要があるでしょう。

また，人事制度という従業員の心理性を規定しやすい構造的問題に関しても，人事部門と連携しつつ不正を許さぬ風土作りと，不正を避けて健全な行動を積極的に取る者への報奨・評価を与える健全性へのインセンティブについても，監査人は検討・対応していく必要があると筆者は感じています。

28 「言い訳」感染症の部門長・管理職の心理

　筆者がいろいろな監査現場でいろいろな部門長さんや管理職の方々と出会い，時に厳しく対峙し，時にあきれたりしつつソフトな対応で指導させていただいたりしてきました。

　こんな心理性を持ってしまった方々がいました，という一例というか，読者諸氏の企業においてこんな方がいませんか，という感じで，少しご紹介してみたいと思います。

① 研修は研修，現場は現場の勝手なダブルスタンダード化している方：コンプライアンスを「知っている」から「している」へ，という状態にならなければならない方が，セクハラを「知っている」から「している」になってしまっていた方がいらっしゃいました。

② 当事者意識が欠如されていた方：「訴えられた奴は運が悪いだけ」として，甘い会社の処分にぬるま湯につかったような心理に陥り，不正を軽視して違反を繰り返していた方でした。会社としての処分は甘くても，訴訟は公平に判決が下るわけで，セクハラなどの犯罪を犯すことでの訴訟リスク意識が低いのは問題ですし，セクハラをうやむやにできたのは過去の話であって，過去の「常識」のまま，現在も自分が都合のよかった「常識」を押し通そうとされる方でした。

③ コンプライアンス指導にあたる人間・管理職が平気で犯罪者になってしまった方：コンプライアンスを推進・普及啓発する方が，当事者意識欠如されていたりしました。

本来なら立場を考えれば，懲戒解雇になってもおかしくないものの，会社の処分が従来から甘く，従業員から告訴されて，あわてて高級外車1台をポンと買える金額で示談された方でした。
　　会社の処分は甘くても，業務指示違反＋法令違反によるその方の個人への処罰・判決は別建てで下るということを理解されていなかったようです。

④「昔はこんなことでいちいち文句言わなかった」，「昔はよかった」と言う方：勝手な自己正当化，言い訳にしか過ぎないわけで，チャップリンの映画中のセリフ（『殺人狂時代』）でいうなら，"戦争で1,000人殺せば英雄だが，平時に1人殺せば殺人犯だ"ということでもあります。

　　「昔」を戦争中と設定としたら，鬼畜米英として欧米の方を殺せば英雄だったとするなら，隣の外資系企業の欧米の経営者を殺すかといえば，そんなことはしないはずです。「昔はよかった」症候群の方は，往々にして，自分にとって都合のよい昔の場面をつぎはぎして自己正当化しているように見受けられます。

⑤「OB再雇用だからもう「現役」の時ほどうるさく言うなよ」と言う方：OB再雇用であっても，労働者であり，一個人として，法令を守らない者は犯罪者となるのは当たり前ですが，心理的な問題として，筆者が言う「退職金シンドローム」として，退職金をもらうと一気に心のタガが外れてしまう方が少なくないようです。

⑥「セクハラだの何だの，ワシほど仕事ができるようになってから言え」と言う方：仕事ができるか，できないかにはセクハラ問題とは無関係です。しかし，不正の正当化として，年齢・実績を言い訳の材料にしている「犯罪者」の方が少なくありません。

⑦「派遣にセクハラしても，派遣先は関係なし。派遣元の問題でしょ」と言ってのけた方：労働法の理解不足と自己正当化，言い訳が甚だしかったです。セクハラ問題は派遣先の管理者である派遣先の管理責任問題なわけですが，派遣社員さんの契約延長という権限を盾にして，「ごちゃごちゃ言う奴は延長しないぞ」という暴君権力者的な心理が働いていた方でした。

⑧ 優秀なはずの頭脳を,「言い訳」を考えることにフル活用する方：大手企業に特に多くいらっしゃいますが,「できるようにするにはどうするか」ということよりも,「できない理由を巧妙かつ多岐にわたって考える」方々が多くいらっしゃいます。

　これは,監査人の方々も,できない理由を並べることに腐心するのではなく,どうすればより健全で実効性ある監査を通じた企業経営を実現できるか,という言い訳なしの建設的な心理性を備えられるよう,留意が必要なのではないかと筆者は感じています。

29 現場主義という帰納法的な監査アプローチ
（現場のすべてが学ぶべき監査の教材，模範解答としての演繹法を待つより自ら学ぼう）

　独立的で客観的・論理的な監査人，というと，とても素敵な感じがしますが，ここでは，「論理的」な監査人である上での論理的な2つのアプローチを整理しておこうと思います。

　監査人の心理として，ついつい，既成の監査論や監査基準といった模範解答のようなものにすがりたい心理はよくあることですが，これは，あくまでも演繹法によるアプローチに偏った監査姿勢でしかありません。

　演繹法はある一般論や既に過去の事象から見出されたルールを各観察事象に当てはめて結論を出すパターンです（下図参照）。

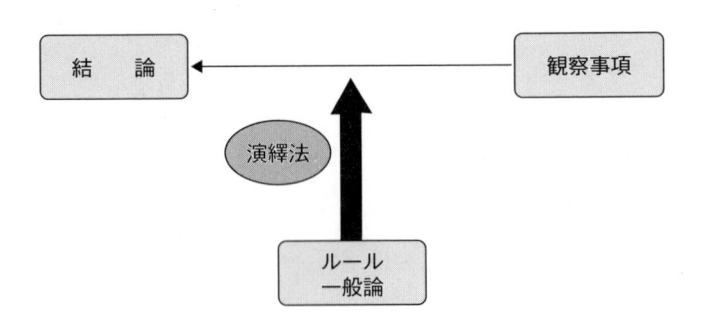

```
  結　論  ←――――――――  観察事項
             ↑
          演繹法
             ↑
          ルール
          一般論
```

　一方で，筆者が現場主義，現場を徹底してみる，現場に寄り添って監査を進めるべきと申し上げておりますのは，旧来の監査ではなかなか立ちゆかなくなった昨今，過去に起こった事象や過去にまとめられた一般論・ルールに沿うだけでは現状を打破できない中で，今，そして，これから起こってくる事象・

29 現場主義という帰納法的な監査アプローチ

課題から，新たに必要となる原理原則や対応姿勢を現場から抽出する帰納法的アプローチが重要性をより高めているからです（下図参照）。

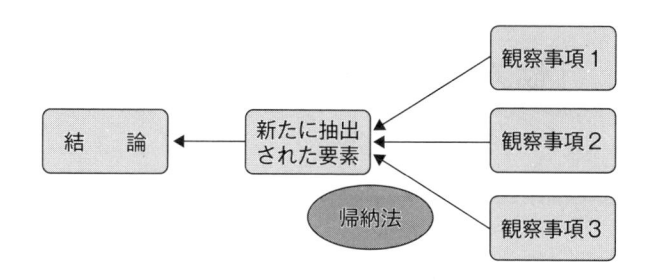

```
観察事項1 ┐
観察事項2 →  新たに抽出  →  結　論
観察事項3 ┘  された要素
              （帰納法）
```

　昨今の経営環境は，かつて例を見ないほどハイスピードで激変していく中で，過去に既に起こった事象からまとめられた旧来の監査のあり方を各監査現場に適用する演繹法型の監査アプローチでは，監査の実効性の観点で限界をきたしているのです。

　そこで，環境適応型監査（Adaptive Auditing）では，激変する現場そのものを見据えながら，変化に適応していく監査のあり方を，監査における帰納法的アプローチとして，徹底した現場主義で対応していく必要があるのです。

　また，旧来の監査のあり方や監査における知見は，昨今の激変する経営現場・監査現場では，かえって固定観念や偏った物事の見方を誘発するリスク要因になっているのです。それゆえ，筆者は，知的武装を解除して，「違和感」を大切にする帰納法的に"感じる"監査を進めるべきだと訴えています。

30 「悩みの質」を変える

　漠然と悩むのが一番危険です。同じ頭を抱えて胃が痛むような悩みを持つならば，その悩みの質を変えましょう。

　旧来の監査と現場の実態で監査がうまくいかなくて悩む思いは，現代の監査人の方々に多いことのようです。

　「今までの監査の常識が通用しない……。どうしよう……。」という悩みは何も生み出しません。

　「ある監査事項を，誰にどう働きかけてどれだけ何をすれば監査の実効性が高まるだろうか？」というように「悩みの質」を変えると，それだけで戦略的な監査における頭脳労働になります。

　監査人の心が揺れ動き「悩む」のがいけないのではないのです。監査人も人間である以上，悩みや不安や恐れや迷いはあって当然です。ただ，その際の「悩み方」が問題なだけなのです。

　それゆえ，ロジカルシンキングがはやる一因かもしれません。監査人がどうせ悩むなら，次に活きる，何か生み出す悩みにする方がよさそうですよね。つまり，ムダな「悩み」を効果的な「悩み」にする，監査の不安な心理を超えるための発想の転換，監査クリエイティビティを持って悩み考える，ということが重要だと筆者は感じている次第です。

　あなたは，監査現場において，どう「悩み」ますか？

31 「外形的適格性」と「内質的適格性」について

　筆者が監査指導で、基本的に監査基準やチェックリストを重宝しないというか、あまり依存していないのは、何も監査基準やチェックリスト類に学ぶべきものが何もないからではありません。
　確かに、それらには網羅性や実在性の観点から学ぶべき観点もありますが、それらがここで述べる「外形的適格性」に偏っている感があるため、筆者はあまり好んでそれらに依存しようとしないのです。
　ここで筆者が言う「外形的適格性」とは、監査基準やチェックリストでいうならば、「～の規程がありますか」というように、監査事項に関わる何かがあるかないかを端的に外形的に適格性を問うものです。
　一方で、ここで筆者が言う「内質的適格性」とは、その規程そのものの妥当性や質的適格性を根本から問うとともに、ある規程があっても、それが現場に浸透しそれに沿って業務が適格性を持って行われているかという、心理面に関わる問題を問うものです。
　筆者なりに語弊を恐れず、ＣＯＳＯモデルでいう「統制環境」のことを、一言で「不正を許さぬ風土作り」だと申したりしておりますが、そこで問われるものを簡単に２つに分けて解説しております。
　「統制環境＝不正を許さぬ風土作り」において、具体的に求められるものは２つあり、１つ目が善悪の判断基準作りで、２つ目はその判断基準の教育だ、というように筆者は平たく解説しております。
　つまり、外形的適格性だけに偏った監査のあり方では、統制環境という経営

執行における心理性に関わる監査事項において，単に，善悪の判断基準（規程類など）があるだけでＯＫとするのではなく，内質的適格性として，その基準がちゃんと教育されて浸透させているか，集合研修をやっただけでなく日々の指導・わかるまでできるまで指導するという教育を行って浸透させているかということも問うているのです。

　旧来の監査はとかく無機質的に外形的適格性のみを偏重して監査で重宝しがちですが，実際のところ，現場の実態はどうなのかという内質的適格性を見ていかなければ，監査の実効性向上は望めません。

　また，筆者の開発した内部統制意識調査では，デフォルトとして，ある監査対象事項を「理解」しているかということに加え，その通りに「実践」できているかを問うように設計しています。

　「定期的にコンプライアンス研修を実施していますか」という基準やチェックリストでは，「本当に必要なことが実践されていて内質的に適格性があるか」ということが抜け落ちてしまう監査になってしまう恐れがあるのです。

　それゆえ，筆者は，旧来の監査のあり方や監査基準やチェックリストに依存するより，現場そのものを見て内質的適格性の判断から監査の実効性向上を目指すアプローチをとるようにしているのです。

32 従業員が内部通報をためらう心理的背景

　監査において，より早期に問題を発見し早期に是正する上で，現場からの内部通報による情報提供は欠かせません。

　しかし，現場の方々の心理として，内部通報というと，何か仲間を密告するかのようで気が引けるとか，自分が関与しているのではないかと疑われるのではないかといった思いを抱かれる方々も少なくありません。

　内部通報窓口の設置部署等が，監査人から離れた部署の場合，その窓口の方々は業務が繁忙になるのを嫌気して，内部通報をしにくいよう通報の敷居を高くしたい心理に陥ったり，迷惑通報を避けるためにそう指導する弁護士さんもいらっしゃいます。

　しかし，監査人として，監査の重要な情報源である内部通報は，現場から積極的に受け付けたいところです。

　ただ，積極的かつ勇気ある社員さんばかりではなく，現場から気軽に健全な通報をお寄せいただけるように工夫が必要であることも，内部通報制度の課題だったりします。

　そこで，定期的に，第三者で集計してくれるような調査シートに，内部通報に該当する問題が起こっていないかどうかを，消極的な人でも書きやすいように工夫して調査をする必要がありそうです。

　実際に筆者が指導させていただいた企業では，内部通報アンケートというより，幸せな職場作りアンケートと称して，職場改善のアイデアを募りつつ，自由記述欄を設けて何でも職場で気になったことや伝えたいことを回答していた

だくようにしたところ，内部通報窓口に所定の通報形式では情報を上げにくいと感じられていた方々が，内部通報に類する重要な監査対象事項についての記述を寄せていただくことができたケースがありました。

内部通報だから「内部通報アンケート」と称するのが最善とは限らず，何気ないアンケート形式の方が，内部通報情報をお寄せいただきやすかったりします。

確かに，「内部通報アンケート」として各職場に配布される書面に，隣の同僚が時間をかけビッシリと回答していたら，「あ，あいつが何か通報しているなぁ」と周りに知られてしまいますし，自分がいろいろと通報していることがわかることで不利益や報復を被りそうだということを危惧しては，なかなか，しっかりと回答いただけないのが実態でしょう。

ちなみに，筆者が実際にお話ししてみた弁護士事務所を社外窓口に設置している企業のある弁護士さんは，「通報が来ても，どうすればいいかわかりません」，「通報を予防策として企業内に一歩踏み込んで助言や対策を行うことまでは特に考えていません」とのことでした。

また，ある弁護士さんは，「通報対象の〇〇さんとは個人的に付き合いがあって，訴訟になったら会社側の弁護士として活動できないです」とのありさまでした。

そしてまたある弁護士さんは，「工場の労働者なのか知らないが，的を絞って理路整然と話ができず，専門用語も理解できない人からの通報に付き合うのは，正直言って時間のムダに感じてしまう」とのこと。

どうも，弁護士さんだから大丈夫，という先入観は危険なように筆者は感じた次第です。

そんなお粗末な内部通報制度の実態がありながらも，健全に内部通報について向き合う現場の方々が抱く心理はといえば，通報をしても是正措置が取られないのではないだろうかとの思いや，不利益や報復を被るのではないか（某大手の光学機器メーカーでも裁判になりました）とか，匿名対処してくれずに誰が通報したかがバレていやな思いをするのではないかとか，果ては，誰か別の人が

通報するだろうから触らぬ神にたたりなしだ、という思いを抱かれる方々まで多様です。

　そのような現場の方々の心理を見据えつつ、第三者が回収・集計・匿名処理する内部通報制度を整えたり、内部通報窓口の方が現場の方々がたどたどしくでも通報してくれる中でうまくお話を聞き出しソフトな対話で安心感を持っていただけるようにロールプレイングでトレーニングしてみたり、経営トップのメッセージとして内部通報者への報復を許さない旨の発言を周知徹底したりするなど、内部通報にも工夫が必要だと筆者は感じる次第です。

33 監査リーダーシップにおける考察点

　監査人は監査現場において，監査リーダーシップを発揮する役割にありますが，ちょっとしたことに留意しておくだけで，監査がスムーズに進みやすくなることがあります。

　まず，筆者がよく申し上げることに，「表現」と「内容」をうまく使いこなしていくことが大切だということです。

　一見して，表現は柔らかくても，内容が厳しいものもあれば，表現が厳しくても内容が柔らかいものもあるのです。どちらか現場の方の説得に有効な方を選択しておくとよいでしょう。

　一言で言えば，物は言いよう，言い方次第で角が立つこともあれば，言い方次第でまとまることもあるのです。

　そして，監査人が反対者への「言い訳」を“プレゼント”する，という視点も重要な局面があったりします。現場での反対者が反対する理由は，論理的理由からだけではないことも多々あります。メンツや意地や人間関係などの心理面からの問題だったりします。何が何でも反対してしまう状況に追い込まないように，一見すると，「魅力的で楽な」逃げ道を「メンツが立つ言い訳」ができる状況を作って監査を推進する工夫があってもよいと思います。

　監査人が「努力」する，という場合，気をつけておくべき2種類の「努力」があります。①自分を押し殺す「努力」もあれば，②反対や孤立などを恐れず健全な道を進む「努力」もあります。あなたの努力は，組織内政治に翻弄されて，自分や正しさを押し殺す「努力」になっていないかどうかを改めて自問自

33　監査リーダーシップにおける考察点

答してみてくださいませ。

　監査は何も相手を論破して自己満足するためのものではないですので，「達成すべき最終目標は何か」について，監査にあたる上で常に意識しておきましょう。意地やメンツや固定観念から問題解決を困難にしていることがあったりします。

　場合によっては，監査人が腰を低くして頭を下げたり怒られ役を買って出たりしてでも，監査における最終目標を達成できれば成功だといえる場面もあるでしょう。また，双方の共通目的を意識させることで，分裂を避けることも重要です。

　もちろん，譲れないもの（最終目標）と譲れるものは何かを明確に意識しておく必要もあります。監査人の意思の強さと融通が利かないことは全く別物です。

　芯（目標達成の方向性）は強くとも（揺るがない）柔軟な対応が不可欠です。監査人が現場にあえてはじめに高めの要求を出して，こちらの許容範囲に落とし所を持ってくることで，相手に「花を持たせる」（一歩譲った形で面子を立てる）のも一考かもしれません。

　最悪のケースは，譲れないものを譲歩し，譲れるものを頑として押し通す状況（最終目標を達成できず，かつ，どうでもいいことだけ成し遂げて問題を解決したように錯覚している状況）です。

　また，監査で現場との議論が白熱してくると，とかく感情的な対応に終始したり，冷静に落ち着いて対話できなくなってきたりしかねません。

　そこで，監査人は，論点・経緯を整理してメンバーに提示することも重要です。段々と何を達成するための議論かわからなくならないように常に議論を整理しておくとよいでしょう。

　監査における会議は，会議のための会議ではなく，冷静に問題解決のためにする会議なのです。

34 「わが社に限って問題は起きない」という経営者の心理とリスク管理・危機管理・防災対策での監査対応

　今般の東日本大震災において，多くの企業が比較的のんきに構えていた中で，甚大な被害が生じて慌てられた経営者の方々が少なくありませんでした。

　経営者としては，収益を高める一方でコストを削減していかに利益を高めるかに腐心する中で，リスク管理・危機管理・防災対策といった，かつては収益向上に直接結びつかなかったコスト要因は，本音として，できるだけ取り組みたくない課題であったという感があります。

　また，利益確保に経営者自身も焦る一方で，ステークホルダーからも様々なプレッシャーを受ける中で，ついつい，認知不協和論での思考の変容を起こし，「わが社に限って問題は起きないのだ」と経営者が自らに言い聞かせることで，不快な心理状況を脱してきた感もあります。

　このような中で，監査人は，善管注意義務や会社法施行規則第100条第1項第2号の適法性の観点からも，また，危機に強く人にやさしい健全に儲け続けるための企業作りの観点からも，監査人としてリスク管理・危機管理・防災対策において，一歩踏み込んだ監査対応をすべきだったように感じられます。

　ただ，既に述べましたように，危機に強く人にやさしい経営に向けて，監査人が外形的適格性のみをチェックしていた場合，防災対策・減災対応においては，「非常用電源がありますか」というチェックリストに沿って，ただバックアップ電源や自家用発電機を置いてあるだけでよしとしてきたようなことは，今般の震災を経て，全く実効性のない監査対応だったと自省されていらっしゃる監査人が少なくないかもしれません。

このような点でも，内質的適格性の監査として，どれだけ実効性があるか，実際に機能するか，という観点から，監査対応がなされなければ，企業における最大で最優先される人材という「資産の保全」がままなりません。

　自家用発電機があるから大丈夫，というのではなく，定期的な訓練において，実際に自家用発電機を連続稼働させ，どれくらいの時間の電源バックアップができるのか，また，メンテナンスの不備で実際に使えないようなことはないのかなど，内質的適格性の視点で監査指導・監査指摘・是正対応を進めていく必要があるのです。

　防災・減災に関することだけではなく，企業不祥事での危機管理広報においても，本当に，妥当な記者会見の対応ができるのか，本当に，各種ステークホルダーに必要な情報を問題なく発信できるのかなど，実際の模擬記者会見訓練などを通じてチェックしておく必要があるのです。

　ちなみに，リスク管理・危機管理・防災対策などの形骸化を招く要因の1つには，形骸化された外質的適格性しか見ようとしない監査人の姿勢にもあることを，頭の片隅に置いておいていただきたいのです。

35 コンプライアンス意識調査・従業員意識調査などは評点を見るのではなく隠れた真実を探す資料にする

　いろいろな企業で行われているコンプライアンス意識調査や従業員意識調査を拝見していて，筆者が問題だと感じることは，調査評点のインフレ化が起こっていることです。

　企業の中には，自社がいかに優れた倫理観を持ってコンプライアンス対応ができているかを装うために，調査票の質問項目を恣意的に従業員の回答が評点の高くなるような聞き方をしているものがあります。

　また，従業員の心理として，「ああ，この5段階の評価をする質問では，一番評価のよい5に丸をつけて欲しいんだな」と，調査実施部署の「空気を読む」ことで，全部5の評点に丸をつける方々が多くいらっしゃる企業もあります。

　そういった企業では，往々にして，調査はするものの，その調査を活かして経営変革しようとする気がない経営陣や調査実施部署に嫌気がさしているケースが見受けられます。

　いくらまっとうに回答しても職場がよくなるわけでもないし，ましてや，まっとうに回答して異論を記載でもした日には，社内の異端分子として干される可能性があるなぁ，という従業員の心理が働いてしまっている企業も少なくありませんでした。

　こういった調査は，できれば第三者による匿名集計の方が，現場の声にならない生の声に耳を傾けやすいでしょう。

　また，調査の評点そのものをみるより，過去の評点との比較や，階層別に意

識や実践状況のギャップを見ることで，評点単体からは見えない隠れた真実を探すという，社会調査でいう「ファクト・ファインディング」の材料にする方がよいでしょう。

　監査人は，安易に自社での調査結果を見て，数字の独り歩きに惑わされないようにしつつ，評点や記述内容を片手に，実際に現場に赴き，調査結果通りになっているか，あるいは，調査結果と実態が異なっていないかをチェックしておく必要があります。

　もし，実態と異なる調査結果が出ているなら，調査法に問題があったか，あるいは，調査そのものに従業員が期待していないという，悪しき統制環境が職場に敷かれている可能性を読み解く必要があります。

　監査全般においてもいえることですが，被監査者・調査対象者の心理を見据えつつ，表面的に現れてくるもの・結果指標だけで監査をせず，一歩踏み込んで監査の見えざる先行指標（ＡＩＬＩ）にも視野を広げておくことが，監査の実効性向上において重要なのです。

36 文化性による統制： "Control by Culture"

　人間は不思議なもので，どうでもよさそうに思える物事には，どうでもいいような対応をしてしまう心理がある一方で，これはいい加減に扱ってはならないと感じさせる雰囲気のあるものには，丁重に対応する心理があったりします。

　筆者の友人で，雨が降った時に人の傘を勝手に「拝借」してしまう常習犯な人がいます。見ていると，その友人はいつもどうでもよさそうに思えるという100円ショップで売っているようなビニール傘をいつも「拝借」していくのです。

　筆者は何か不思議に思い，その友人に尋ねてみたことがありました。「何で，ビニール傘の隣にある高級そうなカッコイイ傘は"拝借"しないの？」

　そうすると，その友人いわく，「いや〜，この高級な傘をとっちゃうと，何か申し訳ないじゃない」と。

　100円ショップで売ってそうなビニール傘でも，その傘がなくて雨に濡れて帰る人には，ちょっと「拝借」と言って勝手に持って帰ることは十分に申し訳ないことをしているのですが，罪悪感がないということらしいのです。

　こういったことは，何も，雨傘だけでなく，高級ホテルや高級レストランの整然・毅然として威厳ある雰囲気を醸し出す場において，バカ騒ぎをしたりみすぼらしい身なりで入店しようとしにくい心理が働くような感じで，そこかしこに同じような雰囲気・罪悪感・心理性が存在しています。

　筆者は，このような，いい加減に対処しようという心理を抑制することを，文化性による統制（Control by Culture）と呼んでいます。

36 文化性による統制：“Control by Culture”

企業でいうなら，いい加減なことをしにくい企業風土・企業文化という，統制環境そのものにあたります。

工場の製造ラインではなくとも，５Ｓ（整理・整頓・清潔・清掃・しつけ）が整った職場では，心理的に，不正を犯しにくい心理が醸成されやすいのです。

一方で，ブロークン・ウィンドウとして知られる研究では，町のどこかの窓が割れたままで放置されていると，地域の治安が悪くなるものの，すぐに整然と割れたガラスを処理し，町中が落書きもなく整った状態だと，治安がよくなるということもあります。

企業の現場において，監査人であるあなたがなすべきことは，監査の高度化としてやたらめったら目新しい手法を使いこなそうと，まるで，「基本問題が解けない小学生が背伸びして中学生の問題を解こうとする」のではなく，当たり前のことを当たり前に行うことを指導することこそが，監査の内質的な高度化への近道ではないかと筆者は感じています。

37

Dive into Audit！

　監査人は不思議なほどに，旧来からのもはや監査の実効性向上に役立たなくなっている感のある監査論や監査基準やチェックリストに対し，過剰なほどの依存心を発揮しがちです。

　そういった監査人の方々を拝見していると，「世の中には唯一絶対の正しい答えがあって，それに従わなければ監査はできないのだ」という，異常な強迫観念にとらわれているような様が見て取れます。

　そのような状態は，アルコール依存症ならぬ，「監査基準依存症」みたいに，監査人の心理に巣食う病理のように感じられて，筆者としてはとても奇妙に映る光景です。

　旧来からの監査論や監査基準が全知万能なものならば，それらに関する新たな書籍は出版されなくても，昔に出版された書籍だけが世の中にあれば，監査現場の監査人のすべてのニーズに応えられているはずですよね。それに，監査関連のセミナーも，永久不変に同じことを繰り返して指導するだけでよいはずですよね。

　しかし，実態としては，監査人の多くの方々が，今までにはない新たな対応の仕方を求めていらっしゃいますし，旧来の監査のあり方に対し，少なからぬ監査人が違和感を抱いていらっしゃいます。

　ただ，多くの監査人が陥る心理として，監査人が"リスクを取って"いろいろと試行錯誤することにためらいや戸惑いを感じたり，怖気づいたり，リスク過敏症になってしまっている実態もあります。

筆者としては、旧来からの監査についての知的武装を解除して、先に述べましたように、帰納法的アプローチで自社にあったこれまでにない対応を模索するために現場に飛び込み現場と寄り添う勇気を持っていただきたいと思っています。そうです。つべこべ言わず、Dive into Audit！と申し上げたいわけです。

何か模範解答や演繹法的に用いることができるものを待つ姿勢ではなく、自ら監査現場で試行錯誤し創意工夫する決意をした瞬間から、監査現場で起こるすべてのことが、監査人にとって生きた教材となり、すべてが学びと監査イノベーションの源泉となるのです。

旧来からの監査のあり方という色眼鏡を外し、ぼやけて見えるようでも、自らの澄んだ眼で現場のありのままを見つめて監査のあり方について自問自答するうちに、やっと、監査人として旧来の遺産の呪縛から解き放たれた自由で柔軟な発想を生む「監査人としての心の声と鼓動」を自らが聞くことができるようになるのです。

あなたは、「監査人としての心の声と鼓動」に耳を塞ぐために、旧来からの分厚い監査基準書類やチェックリストを耳に当て続けますか。それとも、目を見開き耳をそばだてて、新たに聞こえる新たな監査のあり方の足音を聞きますか。すべては監査人であるあなたのチョイスであり責任です。

38 監査クリエイティビティ・監査人の試行錯誤と創意工夫

　監査人は決められた法令や規程に従って指導することを求められる一方で，監査のあり方や取組みに関して，自ら創意工夫する自由があります。

　多くの監査人は，往々にして，「何かに従うことが監査だ」という心理的なワナにはまってしまいがちです。

　しかし，どの法令や規程を見ても，監査人が監査の実効性向上に向けて，監査クリエイティビティを発揮して創意工夫したり，試行錯誤したり，現場に寄り添って企業経営の実態を深く知ることを禁じている条文はありません。

　監査人の「従う」ことへの過剰なまでの執着は，監査人の悪しきマインドセット・心理性なのかもしれません。

　監査の実効性を高めるためには，監査クリエイティビティを高めることが欠かせません。

　何も難しいことではありません。現場をつぶさに見て肌身で現場そのものを感じ取る中で，「このような監査指摘をこの部署のこの人に出したら，どんな心理的・行動的反応が出てくるだろうか」と，想像力を活かして「相手の身になって考え感じてみる」だけでも，監査の実効性向上の重要な第一歩を踏み出しているのです。

　相手の身になって考える・感じる監査というのは，何も，青臭いきれいごととして相手を尊重しましょうね，というだけのお話ではなく，プラグマティズム的に見た場合でも，相手の心理を読み次に出てくる心理や行動を予測し，問題行為が生じないように先回りする，監査の見えざる先行指標（ＡＩＬＩ）を

とらえる監査になるということなのです。

　監査は過去に起こったことだけの後始末のためだけにあるのではありません。これから起こり得る問題に先回りして未来志向で対処しつつ，監査人・被監査人・企業体・社会全体において，相互に幸せになるために監査は存在するのです。

　そのために，監査人は，監査イノベーションならぬ，現場の実態を肌で知り，監査における創意工夫をこらすことが重要になってきているのです。

　激変する経営環境において，監査人は，試行錯誤を通じて，新たな知恵や工夫や対策を編み出すプロであることが求められてきているのです。

　逆に言えば，監査人が実効性を高め意義ある監査を行うという付加価値をいかに監査を通じて生じさせ得るかが，企業の価値創造経営の一環として求められるようになったということでもあるのです。

　あなたは，監査を通じて，どんな付加価値を生み出せますか。監査人がこの問いに十分に答えられるようになった時，経営における監査はコストセンターではなく，プロフィットセンターとして企業の信頼やブランド力の一環として評価されるようになることでしょう。

39
"愛嬌のある嫌われ者"：
監査における一定の友好関係と緊張感

　監査人は現場から嫌われる存在なんだ，というように，少なからぬ監査人の方が自嘲気味におっしゃることがあります。

　確かに，相互の幸せを願って行う監査とはいえ，現場の方々からすれば，お小言をいろいろと言ってくる面倒な存在だ，というように感じられることがあるかもしれません。

　そのような際，筆者がお勧めしております監査人としてのスタンスは，どうせ嫌われ者扱いされがちならば，いっそ，「愛嬌のある嫌われ者」になった方がよい，ということです。

　あくまでも筆者なりの言い方ではございますが，単なる嫌われ者だと，現場の方々が監査指摘や指導内容を無視したり激昂して取り合わなかったりするリスクがあり得ます。

　そこで，愛嬌があるからむげに対処しづらいものの，現場にとって痛いところを突いてくるというような，よい意味での「嫌われ者」になることも一手だと筆者は思っているのです。

　そうすることで，監査において，一定の有効性と一定の緊張感を保って，現場の方々の懐に入り込んだ監査対応がしやすくなるでしょう。

40 否定の流儀：監査の基本は「部分否定」と「信賞必罰」

　監査人として，相手を尊重しつつも言うべきこと・是正すべき点を是正する際に，いきなり「あなたは間違っている」と言い放ったらどうなるでしょう。

　相手は気分を害し，「オレはこれだけ売上を上げて企業経営に貢献しているんだぞ。お前は監査なんて偉そうなことを言っているけど，どれだけ売上を上げているんだよ。オレたちが稼いだ金で給料もらってる奴が，ごちゃごちゃ言うな，バカヤロー」というような反応が返って来てもおかしくありません。

　そこで，監査人には，相手を否定する際には「否定の流儀」があるのです。その流儀の重要な3つのポイントは，「プラス思考」・「部分否定」・「否定どまりでなく改善策へつなぐ」という3点です。

　相手が間違っていても，「あなたは間違っている」と言うと，その人の人格全部を否定されたと相手に受け取られ，無用な反発を招くことが多いです。それに，監査人はあくまでも「罪を憎んで人を憎まず」であって，相手の人格は肯定しつつ，問題ある言動は建設的によりよい状態にして相互に幸せになるために否定し具体的にどうすればもっとよくなるかを示しつつ是正するのです。

　また，部分否定では，全部否定とは異なり，相手を肯定している部分を持つことで，相手もあなたを全否定しにくくする（相手を認める部分があるので，相手があなたを全否定すると，相手が自己否定する部分が出てくる）心理作用があるのです。

このような点を大まかにまとめてみると，下図のような感じになります。

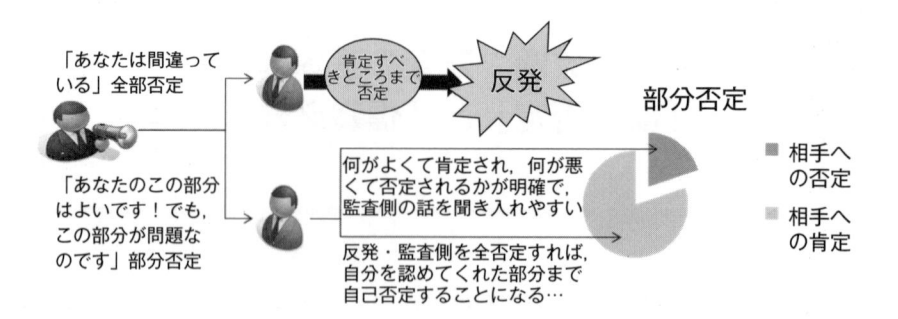

「あなたは間違っている」全部否定
「あなたのこの部分はよいです！でも，この部分が問題なのです」部分否定

肯定すべきところまで否定 → 反発
何がよくて肯定され，何が悪くて否定されるかが明確で，監査側の話を聞き入れやすい
反発・監査側を全否定すれば，自分を認めてくれた部分まで自己否定することになる…

部分否定
■ 相手への否定
■ 相手への肯定

　監査人として何かを否定する際も，何のために否定しどこへ向かうのがよいのか，という点を常に意識し明確化しておくと，無用な争いや監査人自身の芯がブレることなくソフトな中にも毅然とした姿勢で監査が進みやすいことでしょう。

　監査人の「否定の流儀」は，何も監査だけに通用するものではなく，広く人間関係・夫婦関係にも通用しそうだと筆者は感じています。

　ついつい，ビシッと指導するということを，相手を全部否定（全否定）することと勘違いしてしまいがちではありますが，そんなあなたは，是非，否定の流儀に沿って監査してみていただければと思います。

41 戸村式Q&A①：
内部監査の品質評価について

Q：内部監査の品質評価について

内部監査について，協会などの動きから，「内部監査の品質評価」が叫ばれております。素朴な疑問として，内部監査の品質評価をすれば会社はよくなるのか？　ＩＳＯなどと同じようになるのではないかと危惧しています。

形式的な評価などをやっても，経営者は満足しないように思います。特に，業績が悪い企業にとっては，内部監査の品質評価がよいと評価されても興味がないように思います。

個人的には，成熟度の概念を取り入れて（ＭＢ賞（マルコム・ボルドリッジ賞）やＪＱＡなど），評価していくのもよいのではないかと思います。組織や機能を評価する場合，ＩＩＡの基準だけでは，有効性評価はできないと思います。

Ａ： ＩＳＯにしても内部監査が「実態と乖離した優良企業を装う」ために半ばアリバイ作りの片棒を担いでいるような感があります（「経営偽装」の端緒になっている感があります）。

そもそも，何のために評価し，その評価をどう活かすか，また，経営陣が評価結果を「リスク管理の意思決定」の判断材料として活かす気があるのかを明確にしておく必要があります。

また，「内部監査関連の協会が言うから評価しとこうか」という姿勢では，企業が主体的に「内部自治」として監査の実効性を高めるために評価を行うという状況には程遠いように感じられます。

チェックリストを埋めたら何か評価がよかった，あるいは，悪かった，といって，一喜一憂しても，そもそも，何が原因でどんな帰結として現状の問題が起こっているか，あるいは，問題を回避できているかを知れないのであれば，内部監査の品質評価は偶像崇拝の「道具」にしかなりません。

　さらに，業績が悪い企業では，往々にして心理的に目先の利益がすべてに優先することが多いわけで，監査がどうのこうのというのは，最も後回しにされがちですので，内部監査の評価の善し悪しは経営陣にとってほとんど興味がないことと思われます（表向きはそう言わないでしょうが……）。

　ⅡAの基準では，ⅡAの基準を整備構築している人たちが，どれだけ現場を知り監査に血を通わせようとしたかがネックです。現場に根差したものというより，半ば空虚な机上の理想論（「ベストプラクティス」というものの……）をまとめることにマニアックな熱狂と静かなる興奮をささげてできた産物といわれることが妥当な状態だということが残念です。

　ただ，ⅡAの基準を活かせるとするならば，海外子会社・海外拠点での監査において，日本拠点の日本人で日本文化・日本の習慣や常識を持つ監査人と，各異文化を背景に持つ被監査者間で，何かグローバルに共通項を見出しておきたいとか，共通項となる基準のようなものを掲げておきたい場合に，ⅡAの基準が機能する余地は多少あるとは思います。

　ただ，これも，各社各様に事業リスクや社風・企業文化特性や各社員の意識に違いがある以上，望ましくは，各企業において自主的にグローバルな監査の基準を日本本社・海外子会社・海外拠点を交えて参画的に構築・適用していくことが，地に足のついたグローバルな監査を行う上でも監査の実効性を高める上でも大切です（社内に国連のような組織を作る感じ）。

　あと，成熟度の概念を取り入れて内部監査の品質評価ツールみたいなものを作れば，お金儲けをしたいコンサルタントは喜ぶでしょう。「成熟度」で気をつけるべきは，「高度＝よい」というわけではなく，どれだけベタベタな基本に徹してシンプルであっても，その組織に合った実効性のあるものこそが最もよいということです。

また，レベルが高いか低いかが判断の基準として望ましいわけではなく，最も重要なのは，健全な経営を志向する経営活動の一環としての監査が「正しいか」どうかです。

「あ，おたくの企業はレベルが低いですね。ウチは高いですよ。はっはっは。」というような会話がされるようだと，非常に悲しく思います。

各企業にあったそれぞれのあり方を模索してこそ，血の通った実効性ある監査ができあがると，少なくとも私は思っております。

また，成熟度の「成熟」ということは，熟れた後は朽ちるのみ，ということも，私が成熟度という考え方を持ち出すことにあまり乗り気でない理由でもあります。

監査は監査人も被監査人も，あくまでも人間が人間として経営の一環として行うものであって，機械やモノのように無機質に「品質評価」できるものではないと考えております。

42

戸村式Q&A②：経営に資する（経営に役立つ）監査について

Q：経営に資する（経営に役立つ）監査について

この言葉も最近，よく聞かれます。J－SOXや内部統制の構築，維持が定着，落ち着いてきた今，監査の高度化がいわれております。

これからの内部監査のあるべき姿として，経営に資する監査を標榜する企業も増えてきております。しかしながら，いきなり，経営に資するといわれても，難しいのが現実です。

日本の経営者の中に，内部監査部門をそのように認識しているところは，極々わずかだと思います。教科書的には，内部監査は，業務の効率性（effective and efficiency of operations）だと思います。

経営者が意図を持って入れた仕組みなどが有効に機能しているかどうかを確認し，問題があれば改善，提言するのが本来の役割だと思います。

経営という言葉は，大変重い言葉だと思います。経営に資する監査のイメージをお聞かせいただけると幸いです

A：経営に資する監査を私流に述べますと，リスク管理の意思決定支援を行う監査，ということです。

リスクは，経営をスムーズに行えない阻害要因全般を指すものとして，単に業務活動の有効性・効率性だけでなく，それこそCOSOモデル全般（業務活動・財務報告・法令遵守・資産の保全，6つの要素）にわたり，どこにどんな問題がありどうすればよいかを，コンサルティング（助言型監査）目線で経営陣に

42 戸村式Q&A②：経営に資する（経営に役立つ）監査について

リスク管理の意思決定をサポートする情報提供（改善提案書もモニタリング結果も含め）を行うことにあると考えています。

経営＝収益戦略の遂行，というようにだけとらえると，確かに，業務活動の有効性・効率性のみに偏った監査を余儀なくされるような感が出てきますが，経営＝収益戦略＋リスク管理のバランスある健全な遂行である（エンタープライズ・リスク・マネジメントの観点では当然かと思われますが）以上，企業内の様々なリスクを見つめ改める活動が経営に資する監査そのものではないかと考えます。

「内部監査の高度化」という言葉は，「内部監査の成熟度」という言葉と同じくあまり好きな言葉ではありません。高度でなくても，当たり前のことを当たり前にこなせることが，最も重要であり，監査における「手練手管」のようなツールの活用やマニアックな監査手法のこねくり回しは，コンサルティング企業のカモになるには絶好の撒き餌だと思っています。

Ｊ－ＳＯＸでメシが食えない，ＩＦＲＳも本格稼働にはまだまだ……，じゃあ，「内部監査の高度化」ってことで，企業をフックして案件を取ればいいじゃないか，というような浅はかな「知能指数の高いバカ」のもっともらしい能書きに見えてなりません。

また，監査法人はＪ－ＳＯＸでいつの間にか「監査界の産業廃棄場」になってしまった感があります。「有害物質」企業を重要な欠陥を出さないで飼いならすことで利益を得ながらも，会計の烏合のプロ集団が赤字を出しているようなところが，監査の高度化というのは，私にはかなり違和感を抱いてしまいます。

ただ，社内的に，経営陣から監査部門に予算を取る場合，「内部監査の高度化」が重要なので……，という口上は使えるかもしれませんよね。

「高度化」という酒に泥酔しては危険ですが，ほろ酔いであれば，この「酒」は百薬の長になるかもしれません。

43 戸村式Q&A③：内部監査と監査役の連係について

Q：内部監査と監査役の連係について

　この言葉，論題もここ数年，大きく取り上げられることが多いです。連係が大事であるという方もいらっしゃれば，元来目的が違うので無理ではないかという人もあり様々です。

　日本の場合，会社法などで監査役の権限が強化されておりますが，日本のガバナンス構造ゆえ，まだまだ監査役の機能が十分働いていないと思います（法律的には整備されましたが）。また，アンケート調査などを見ても，内部監査から監査役への報告が行われている企業が多いものの，監査役から内部監査部門への情報提供は少ないように思います。

　監査役監査は法定監査ですが，内部監査は任意という違いもあります。内部監査と監査役の連係は，本当に可能なのでしょうか？

A：独立役員も監査役も，実態として機能している企業は少ないように思われます。法律の整備はあっても，その運用がお粗末では，実効性のある監査（監査役監査・内部監査ともに）には程遠いです。

　監査役と内部監査の連携が大事であるかどうかは，その企業の実態によって決まります。また，監査役から内部監査に情報提供があるかどうかは，その情報の内容次第で，監査役として，労働者たる内部監査の方々に情報提供できない内容がある可能性がありますので，それをもって善し悪しは一概に決められません。

43 戸村式Q&A③：内部監査と監査役の連係について

　今，監査は様々な経営環境・社会状況にいかに環境適応できるかが問われていますので，「元来，監査は〜」とか，「これまでの監査として〜しておくのが筋だ」というような過去志向は無意味です。

　それに，従来通りの監査がよいのであれば，そもそも，監査の高度化は不要ということになります。内部監査が任意である，というならば，それだからこそ，各企業の主体的な健全性の向上に内部監査がより重要であるということです。

　ご相談を受けることが多い監査役と内部監査の連携は，必要であれば，連携を密にするべきです。特に，監査役がカバーしきれない隅隅まで見ている内部監査の方から，リスク管理の意思決定を支援する情報をエスカレーション，あるいは，共有するのは，意義のあることです。

　「内部監査と監査役の連係は，本当に可能なのか？」という問いに明け暮れるより，どうすれば内部監査と監査役の連携を通じて企業をよりよく幸せな共同体ならしめるか，という問いに置き換える方が意義があると思っています。

　法律上，また，道義上も，企業を健全にするために監査役と内部監査が連携・情報共有してはいけないという規定があるでしょうか？　企業をよりよくし，安心して働ける職場を作り，社会の信に背くことなくまっとうに存在していくために，職位の上下はありません。

　監査役も内部監査も，一般社員も非正規社員も，等しく法の下に平等であり健全性を志向する上で人の上下はありません。フォーマルなコミュニケーション形態を構築するのが難しければ，飲み屋での対話でも，また，スターバックスでコーヒーを飲みながらの会話でも，インフォーマルな連携からでも進められるはずです。

　連携について大上段に構えて身動きがとれないことは，それ自体が監査側のリスクです。

44 戸村式Q＆A④：
旧来の監査のあり方では，そもそも「内部監査」は無理です

Q：旧来の監査のあり方では，そもそも「内部監査」は無理です

「監査部」が「島流し」「吹き溜まり」と表現されることがありますが，能力的にも劣る（と社内的にみなされている）人材が配置されることが多く，指導力の発揮に疑問です。

また，社内から「監査部」が低く見られており，現場は真剣に耳を傾けない。一見「権威」があるようで実は軽んじられているのが「監査部」の実態だったりします。

監査部門に配属されたスタッフや部門長は「何とか早く監査部から出たい」と考えており，被監査部門におもねる傾向があります。「指摘すると，偉い人に睨まれ，自分の将来に好ましくない」という認識を抱きがちです。

このため，監査での検出事項に対して，「○○の補完的統制があるため，××は検出事項としない」という部分にのみ知恵を絞ってしまいがちなのです。こうなっては，もはや，「隠蔽のための監査」でしかありません。

A：本書をソフトな感じで監査現場の生の声にお応えしやすいよう執筆しようと筆者が思ったのは，まさしくお寄せいただいた監査現場の生の声にいかに応えていけるのかを自問自答してみた結果ゆえのことです。

監査人の独立性・客観性の尊重や監査人の倫理規範など，様々な表面上は立派な主張が旧来からなされてきています。しかし，全国各社の監査部門の方々を指導させていただくにつけて，監査人材の底上げや学際的アプローチをもっ

て実務的な問題解決に資する指導をさせていただかなければ，実態としての企業の健全性向上に至らないと思っております。

　学術界でも，拙著『リスク過敏の内部統制はこう変える！』（出版文化社）や『経営偽装：不祥事対策への警鐘を鳴らす20の視座』（税務経理協会）でも警鐘を鳴らしてきましたが，監査や内部統制は財務会計の分野の特殊論，あるいは，マニアックに机上の研究だけを続けておけばよいもの，とみなされてきたような感があります。

　監査が今までにないほど重要性を持つ昨今，旧態依然として監査部門を社内の一隅に追いやりつつ健全な経営を行っていることを監査部門に太鼓判を押させるようなままではいけないと，微力ながらもＪ－ＳＯＸ施行前からも地道に声を上げている次第です。

　また，筆者に課せられた世の中での監査に関わる役割は，多くの現場の方々が声にならない絶叫ともいえる生の声を，世の中に知らせ，木鐸としての役割も担うことなのではないかと思っております。

　もちろん，企業によっては，また，経営陣の方によっては，監査の実効性を実態として高めるべくまっとうに注力されていらっしゃる方々もいらっしゃるのは確かです。

　そんな中で，絶望的な実態の中にわずかながらの希望を見出しつつ，また，監査に新たな風と光明をもたらすべく，批判や異論もありますが，筆者が何かのお役に立てるよう監査の未来に身を投じられればと考えております。

45 戸村式Q＆A⑤：監査法人の「信念」のなさ，フランチャイズ化／マニュアル化の弊害

Q：監査法人の「信念」のなさ，フランチャイズ化／マニュアル化の弊害

　監査法人に，果たしてどれだけ「監査の意義」を認識して働いている人がいるでしょうか。監査人の「サラリーマン化」して十分に機能していないのが実態です。

　「監査のマニュアル通りに手続きをするだけ」であり，極論すれば「チェックシートに○×をつける」だけの監査になってしまっています。

　クライアントには「小手先の不備回避方法」を伝授するだけであり，「内部統制を整備することで，まずは財務報告の信頼性が保証され，業務プロセスが適正化され，ひいては，健全な経営につながる」といったストーリーが描けないような，監査における戦略性が欠けています。

　そのため，「Ｊ－ＳＯＸなんて小手先のテクニックでしかないんだ」という認識をクライアントに与えてしまったのは残念です。その結果，「１年目は内部統制整備，２年目は本業の品質向上，３年目は経営体質の強化をする」というように，段階的にコンサルティングを行うことができなくなり，ひとたびリーマン・ショックでクライアントの経営が悪化すると，監査費用は真っ先に削られる憂き目にあったりします。

　「本当に意味のある内部統制」を提案・実装できていたら，リーマン・ショックもむしろビジネスチャンスになったかもしれないと思ったりする今日この頃です。

45 戸村式Q&A⑤:監査法人の「信念」のなさ,フランチャイズ化／マニュアル化の弊害

A:内部統制という言葉と内容が,やっと,世に広まりつつある中で,依然として,監査が場当たり的な対応や対症療法的な対応に終始してしまう,また,監査の指導にあたる側もそうさせてしまうというのは,非常に忌々しきことと筆者は考えております。

また,内部統制のあり方自体も,監査法人や多くのJ-SOX担当コンサルタントたちによって,「財務に関することだけの文書化=内部統制」と言わんばかりの教育・指導を行ったため,内部統制が単なる書類作りのテクニックに成り下がってしまった感があります。

筆者は,あまりにも,財務の文書化テクニックに偏った普及のされ方をした「内部統制」は,これからは,「内部自治」と言い換えるべきではないかとも思っています。

要するに,自分たちで作ったルールを自分たちで守り合い健全に儲け続けるための仕組みをもって経営することが内部自治であり,法治国家日本における自主的な経営という「自治権」を主体的に健全な状態で活かす経営活動を行うことが,非常に重要になってきていると思うのです。既に,Internal Controlではなく Internal Governance が,「内部自治」にあたる訳語としてあてられていますが,筆者はここでは少々発展的解釈を加えて内部自治と称しています。

46 戸村式Q&A⑥：「プラットフォームに依存する監査品質」って何なのでしょうか？

Q：「プラットフォームに依存する監査品質」って何なのでしょうか？

「某パッケージシステムは，監査マニュアルが用意されており，監査できますよ」，「某社の〇〇パッケージシステムや某社の〇〇ERPは，監査マニュアルが用意されていませんので，対応できませんよ」などと，プラットフォームによって監査品質がまちまちになることを恥としない監査法人がいるのは問題ではないでしょうか。

国産会計パッケージの監査手続を本格的に研究した監査法人の名を聞きませんし，また，内部統制ブームで急ごしらえのIT監査人は，自ら監査手続を考えることができないのではないでしょうか。

A：監査におけるマニュアルやチェックリストなどは，二流の監査人が三流に落ちないための底上げ的な意味合いでは意義があります。

しかし，往々にして，それらに頼ることで，監査における思考停止が起こってしまうという弊害があり，決して，二流の監査人が一流の監査人にステップアップするために意義があるとはいえないのが実態です。

現場の実態・実務に寄り添い伴走する姿勢なき監査では，あらかじめ用意した原稿を読む以外にアドリブの利かない二流のアナウンサーのような監査人が多く出てくることは必然のことなのかもしれません。

筆者は，チェックリストと現場とを突き合わせる監査ではなく，監査人という人間と被監査者という人間が顔と顔・心と心を向き合わせる監査になってい

46 戸村式Q&A⑥:「プラットフォームに依存する監査品質」って何なのでしょうか?

くよう,言論の場である本書や講演／研修や現場指導などにおいて,監査の新たなあり方を提言していけるようにしたいと思っております。

47 戸村式Q&A⑦：
内部告発者の報奨金

Q：某製薬会社で問題になった内部告発者の報奨金は，「不正請求法」に基づいているようです。

しかし，この不正請求法は1986年に改正されたものです。つまり，20年前から内部告発の報奨金が高額化したものなのでしょうか，それともごく最近の傾向なのか。後者ならそれはなぜでしょうか。

A：いわゆる False Claims Act に基づくご質問についてですが，南北戦争の時代からアメリカには法としてありました（通称，リンカーン法）。

それが1986年に大改訂があったわけです（日本でも明治時代の法律・規定が現役だったりしますので，法も時代とともに環境適応が必要ですよね）。

報奨金の点では，高額化したというより，むしろ，以前は当事者の告発でなくとも，誰でもちょっとした情報をもって告訴・告発した場合に，50%の報奨金を得られるシステムで乱訴が相次ぎ，かえって，「少額化」ともいえる条件設定をして過剰な法的反応を抑えつつ，告発による事件摘発を推進するように改訂されています（マイナーな改訂は2009年にもあります）。ということで，ある意味で，高額化したというより，歴史的には報奨金額とその総額が絞られてきた（あるいは「妥当な」レベルに落ち着いた）というのが妥当かと思われます。

48

戸村式Q&A⑧：
米国の金融規制改革法
（ドット・フランク法）

Q：2010年7月に制定された米国の金融規制改革法（ドット・フランク法）の有効性や訴訟実例は現時点ではまだ明らかとなっていないと思われます。

　このドット・フランク法は，米国内の金融市場に今後大きな影響を与えるでしょうか。また内部通報にあまり馴染みのないわが国でもこのような法制度が導入，施行されるのでしょうか。

A：まだ効果の見えにくい状態と思われます。金融システム監視強化に寄与するかと思われますが米国内ではオバマ大統領の署名にあたり見送り事項もあり，重大なインパクトを及ぼし得る点にはドンと踏み込んでいないと考え得ることと思われます。ただ，金融強化の流れ自体は変わらないため，今後の米国での金融市場の暴走を防ぐ（逆に言えば，マクロ史的観点からは金融工学や金融商品の開発・発展の重荷；ミクロ史的には慎重に金融安定策を取っていく）影響があるでしょう。

　日本においても，金融システムの安定化・監視強化に向けて，既に金融庁でも規制強化（例えば，公認会計士が監査で問題行為・問題らしき行為を見たり聞いたら，即座に金融庁に通報せよ，というものなど）が進んでいたり既にあったりします。

　ただ，国際私法たる米国法と日本法の性質の違いとして，米国法が懲罰的な対応・罰金・罰則を科すのに対して，日本法は損失補充的な対応をする（しかも賠償額等が米国法に比べ著しく低い）違いがあります。

　また，公益通報者保護法でも，報奨金をくれるわけではなく，司法取引や証

人保護プログラムなどの充実もなく，同じ土俵で論じにくいかと思われます。日本では，もしかすると，新たな規制法と告発については，新規の法を公益通報者保護法の対象法令リストに加える形で，通報・告発と法制度の構築・運用が２階建てで進むかと思われます。

ご参考までに，米国の不正請求法に関する表現にこんなものがございましたのでご参照くださいませ。

Defendant liability for "deliberate ignorance" and "reckless disregard" of the truth

- ※ defendant：被告の
- ※ deliberate：故意の
- ※ ignorance：知らないこと
- ※ reckless：（危険などを）意に介さず
- ※ disregard：無視

ということで，ざっくり意訳すれば，
「被告が見て見ぬふりをしたりやばいことを知っていて知らぬふりをしたりするのはダメよ（責任があるよ）」ということがあります。

つまり，米国法において，日本でいう「不作為による作為」は明確に違法ですよ，ということについて明示されているわけです。

これは，監査役の方，内部監査の方だけでなく，企業や組織で働くすべての方に当てはまるポイントです。

49 戸村式Q&A⑨：
今後のIFRS適用を考慮して，内部監査業務への影響はどのようなものが考えられるでしょうか

Q：現在私は顧客の監査部に常駐しております。監査部は，1：業務監査を担当する室，2：J－SOX対応の整備と最終評価を担当する室，3：J－SOX対応の運用テストを担当する室に分かれており，私は，3に属しております。

今後のIFRS適用を考慮して，内部監査業務への影響はどのようなものが考えられるでしょうか。

A：IFRS自体がまだまだ揺れ動いていますし，強制適用になっても，おそらく揺れ動きながら会計の世界が進んでいくと思われます。

IFRSの内部統制への影響としては，スコーピングで実質的な連結対象範囲が広がるため文書化範囲が広まる可能性があること，収益認識の観点で文書化の再整備が必要になる可能性があること，IT統制上，IFRS化への対処をした際にIT統制の再整備などが必要になる可能性があるなど，多々の影響があるでしょう。

また，日本ERM経営協会（2011年1月21日開催）にてお話ししたのですが，日本企業に半ば状態化したいわゆる「サービス残業」は，経営の実態を勘案し法令等の根拠があり計測可能なものとして，IFRS上，負債計上すべきですが，これが計上されず（つまり，サービス残業問題が解決せず）「IFRS偽装」が起こる時に，監査が指摘・是正に動かなければならないなど，予測としては多岐にわたります（サービス残業の「隠蔽」「ごり押し」は，もはや，財務報告に影響する不正経理の要素になってくるということです）。

その他詳細を書き始めると，それだけで別の1冊の本になりそうですので，大まかにまとめておきました。

50 戸村式Q&A⑩：内部監査を担当する組織体制としてどのような体制が望ましいのでしょうか

Q：内部監査を担当する組織体制としてどのような体制が望ましいのでしょうか。

A：IFRSを検討に入れれば，現時点では某大手商社などは財務部門がIFRSのお勉強を進めているわけですが，そのIFRSが適正に処理・対応されているかを監査するのも監査部門のお役目です。監査部門内に，1．業務監査，2．J-SOX監査対応，3．IFRS監査対応の3つのチーム編成が必要になるかもしれません。

ただ，本筋から言えば，J-SOXは財務報告の信頼性を高めるためのものですので，J-SOXとIFRSは一体であるべきでしょうから，ここでの区分で言えば，2と3を一体化するのがよいかもしれません。

ただ，御社内の詳細がわかりませんので，一概に言い切れるものではありません。独立性・客観性を保てる形態，というのが，唯一言い得ることかと思われます。

51 戸村式Q&A⑪：個々の内部監査要員はどのようなスキルを身につけ備えておくべきでしょうか

Q：個々の内部監査要員はどのようなスキルを身につけ備えておくべきかについて，一般的な観点で構いませんので，ポイントをご教示いただければ助かります。

A：内部監査要員のスキルについてですが，明るさ，対人コミュニケーションスキル，論理的思考・ＩＱと「情動的共鳴・ＥＱ（Emotional Intelligence Quotient）」のバランスなど，旧来からの監査には必要とされなかったようなスキルが必要です。

　特に，監査がアリバイ作りにならないために，また，全社的に参画型で現場を巻き込むリスク管理にしていく上で，現場の心情に土足で入り込まない配慮と現場の納得感の醸成などをもたらすスキルが重要ですし，そのための監査人材育成が不可欠です。

52 戸村式Q＆A⑫：
サービス残業について

Q：サービス残業について

　これは私も昔から非常に気になっているところです。当社の場合，残業は許可制になっております。すなわち，残業が必要だと申請しそれを上長が認めた場合にのみ残業が可能となり，それ以外の残業は認められておりません。

　確かにこのシステムは稼働などであらかじめ予定が決まっている場合は問題なく運用できることは確かです。

　しかしながら，現実は，このような予測のつくことばかりではありません。例えば，会社の職制として，いくつかの事業所を束ねるエリア統括というのがあるのですが，明らかに人数が不足しており，基本的に過重労働を強いられるという状況にあります。まして，突発的な事項も多く残業申請の締め切りまでに予定が立つことはめったにありません。

　だからといって労働集約型である介護事業では，残業が申請できなかったから明日に回すということもできず，エリア統括の人々は恒常的にサービス残業を行っているという実態があります。これは間違いなくＩＦＲＳにおいてはサービス残業という負債を計上しない点で二重帳簿となる運命を辿るでしょう。

　また，当社の場合，その性格上，土日を全員の休日とするわけにもいかず，年間〇〇〇日の公休というのが休日の定めです。そして，いつ取得するかは本人の裁量ということになっております。

　ただ実態はというと，前述のエリア統括や事業所の管理者の一部は，仕事に追われ公休をすべて取得することができない状態です。この場合，公休は繰越

とならないので，実際上はサービス残業を行っているのと一緒です。

　まさに監査役として何をやっているんだとお叱りを受けそうですが，折に触れて各所にその問題・弊害を指摘しても一向に改善されないという情けない状態です。

A：「残業は申請・承認がなければできないことにしている」とおっしゃる企業様の多くが，実態としては「サービス残業」という名の違法労働状況になっています。

　ただ，一般事業会社様と違って難しいのは，有資格者の数の問題と奉仕精神を逆手に取る点にあろうかと思われます。

　各地の医療機関様，福祉介護機関様に指導させていただくことも多く，現状からすれば，医師・看護師さんや，ヘルパーさん・ケアマネさんなど，資格が構造的にサービス残業を余儀なくさせることもあります（愛育病院の周産期センター返上問題もありましたし……）。

　さらに，これらの業界に集われる方は，直接患者さんや要介護者様に接する中で，「はい，時間が来ましたので，私は帰ります」と言って，目の前で苦しんでいらっしゃる患者さんや助けを必要とする要介護者さんのもとを去るのは，これまた倫理的・道義的に問題ともなりかねません。

　そのような中で，現場を変えていくのは理事長や院長・社長といった経営トップが手を差し伸べないと現場が変わりようがないわけですが，ある介護事業者は売上高15億円程度に対して当期純利益が100万円という，薄氷を踏む経営が実態としてあったりします。

　そんな財務体質では，残業代を払うことはもとより，代替要員を確保するのも難しいというか，社長として決断しにくい＆奉仕精神あふれる社員を「お前は目の前の人を助けないのか？　金のために働いているのか？」といったサービス残業正当化の殺し文句らしき言葉や雰囲気でただ働きに追いやるのは，理不尽なお話でもあります。

　監査は違法行為の是正や財務だけの問題ではないと申しておりますが，経営

の効率化（サービス残業をさせることを「効率化」と考えてしまう経営者も多いですが）も含めて，経営全体をよくするためにあると考えております。

ＩＴなどでも，そもそも，介護事業所の机の島に１つだけしかＰＣがないところも多いですが，中には，違法コピーしたものを使わせている介護事業者さんもいらっしゃいます。

こんな点では，クラウドや Open Office の導入も一手でしょうし，ＩＴのみならず，短時間正社員制度の導入なども含め，経営変革を担うのが監査の役割，よい意味での監査アクティビストであると考えております。

ＩＦＲＳで経営の実態に即して会計処理する点では，サービス残業はその請求可能な相当額が負債計上されるべきでしょうが，実際に日本企業でＩＦＲＳ対応でそこまできちんとする企業は少ないかと思われますので，やはり，以前に講演でお話しさせていただいていたのですが，ＩＦＲＳにおけるサービス残業に関する「二重帳簿」問題が起こり得るかと思われます。

53 戸村式Q＆A⑬：ERMで格付け高評価を得た○社について

Q：ERMで格付け高評価を得た○社について
　○社がアナリストから全社的リスク管理をよくやっているとして高い格付け評価を受けていたということを聞いて複雑な思いをしました。
　というのも私は以前，○社関連の某社に勤務しておりまして，某大手上場企業，○社については，ある程度の知見があります。
　それで高評価の格付けになったと聞いてすぐ頭に浮かんできたのが，○社の基本的な考え方である，某社に迷惑をかけてはいけない，某グループが中小企業いじめをやっているように見られるようなことをやってはいけないということでした。
　まぁ，確かにこの考え方でいけば，ERM上の問題は少なかろうなぁとは思います。
　ただ，もう10年近く前のことになりますが，その某自動車会社の人も50代の人たちにはいわゆるその会社のDNAを感じさせる人たちが多かったのですが，40代以下の人たちのとてつもないエリート意識，その会社にあらねば人にあらずといった考え方には，非常に驚かされました。間違いなく某製鉄会社の原料購買部門と同質でした。
　私は，その時，おごる某自動車会社は久しからずと思ったのですが，一昨年ぐらいからの某自動車会社をめぐる出来事に，あながち私の思いは的外れでもなかったという思いです。
　○社の中にはいまだに親しく付き合わせていただいている人もおり，また一

53 戸村式Q＆A⑬：ERMで格付け高評価を得た○社について

緒に何かやろうかというような話もしているので，決して否定する気はないのですが，企業としての自由度という点でかわいそうな気がしてしまいます。

A：○社さんは，たまたま見つけたアナリストのレポートで，エンタープライズ・リスク・マネジメントがアナリストの注目を示す例としてご紹介させていただきましたが，同社の経営姿勢や経営がよいものとしてご紹介したわけではございません。

　財務体質がそこそこで，リスク管理の仕組みは無機質に形式的にはできていることと，経営を有機的連携をもってまっとうにできていることとは別物です。経済アナリストの限界は，財務諸表や形式的リスク管理に「だまされる」可能性があるということでしょう。

　小職も，某社様，某社系の各社様とお付き合いする中で，優れた眼と感覚をお持ちの方もいらっしゃるものの，経営を勘違いされている方も多くいらっしゃって，問題行為や社是に反するような経営姿勢も散見されました。

　特に，ご当地の昔ながらの商法ではないですが，昔は当たり前というか手ごわい商売をする人として取引を仕切っていた方々が，いまや，下請法違反を犯しても平気な犯罪者に成り下がってしまった面が多々ございます。

　小職のところにも，某社さんから研修依頼がきましたが，最初の契約条件と異なり，1日で1回出講のところを勝手に1日2回でやれ，という一方的に優越的地位を濫用するかのような契約に反する半額値切りを強要してきました。

　他にもいろいろと問題があったため，こちらとしてはお断りしましたが，先方は「わが社の依頼を断るとは何事だ！　他に講師なんぞはいくらでもいる！」という感じでした。

　またどこかで問題を起こすんだろうなぁと，つくづく某社さんの一部の方は，「知能指数の高いバカ」の集団になってしまっているんだなぁと感じさせられた次第です。

　ただ，某社系の方々でも，痛みを知り思いやれる人材もいらっしゃいます。心ある方とビジネスでご一緒するのはよいのではないでしょうか。

54 戸村式Q＆A⑭：
機械やモノのように無機質に監査における「品質評価」をできるものではない

Q：機械やモノのように無機質に監査における「品質評価」をできるものではないはずでは？

　監査に限らず，戸村さんのこのお考えは広範に当てはまるものだと思います。

　介護を例に取ってみると，厚生労働省はやたらと「質のよい介護」という錦の御旗を立てますが，実態は決して質ではなく形式です。実際の技量とは関係なく上位資格とみなされている者がどれぐらいの割合でいるだとか，厚生労働省が決めたように書類の整備ができている，健康診断・会議・研修をどれぐらいの頻度でやっているといった，利用者の満足度とは全く関係のないところで質のよし悪しが決められてしまっています。

　それでも少なくとも大手といわれる介護事業者などはそれに異議を唱えるでもなく，一生懸命それにフォローしたり，厚生労働省に擦り寄ったりというのが実態です。

A：人間が人間として人間同士が監査や経営を行う以上，形式的で空虚なチェックリストが万能であるかのような「品質評価」は，アリバイ作りや虚栄を張る小道具程度にしかなりません。

　また，よく申し上げることですが，「〜を実施しているか？」ということと，「〜が実態として機能しているか・実効性があるか？」ということは別物です。

　日々の指導でも，「〜と指示しておいた」というのと，「〜が再発しないよう被指導者が納得できるまで説明・指導した」のとは別物です。

54　戸村式Q&A⑭：機械やモノのように無機質に監査における「品質評価」をできるものではない

　厚労省については，非常に罪作りな省庁で，厚労省が医療・介護も統括する一方，労働法関連の問題も統括しているわけで，自省庁内での自己矛盾に手をつけないで，果てはワークライフバランスを盛り上げて目先・矛先を変えようとしている感もあります。

　厚労省が優れていれば，別に，介護事業を完全統括していても，それが優れた市場バランスを生み出し得る可能性があるわけで，現場を知らない知能指数の高いバカな官僚さんが，社会を泥沼に落とし込むお仕事をまっとうされて，その後，ご自分たちはしっかり年金・退職金をもらって天下りできるという天国の悪魔に陥っているようですよね。

　介護事業が成長産業というより，人材の回転数が高いものの，とりあえず雇用は生み出しそうだ，という便利な道具として扱われているように思えてなりません。成長産業ならば，今後も，人材が安定的に定着して「もっとこの会社で働きたい」と思える環境整備が必要でしょう。

　米国不正請求法にあるような，

Defendant liability for "deliberate ignorance" and "reckless disregard" of the truth.

ということ，これは，監査に携わる方はもちろん，小職も含め，働くすべての方々が問われる問題です。

　社内政治的に重宝される人材となるには，目をつぶることが最大の武器かもしれません。小職はまっとうに国連でも民間企業でも，今の顧問先やクライアント様にも進言してきていますが，往々にして冷たい仕打ちにあいます。もっともらしい理由をつけて契約を打ち切られることもございます（だまって都合のよいことだけやって対外的にも問題ないよう装え，という感じの経営者さんもいらっしゃいます）。

　ただ，自分で年齢を重ねてから振り返った時，今までちゃんとまっとうに生きてこられてよかった，と思えるようにしたいという意思と意志が，目先の契約金に優越してくれているような感じです。

　損か得かの前に，何が正しいのかが最重要項目として判断基準にあるという

か据えている以上，これからもコツコツと正しいあるいは妥当であることを積み重ねていくことになると思います。

　少しでもよい経営を目指される方，正しさを追い求められる方の背中を押したり，意識変革の一助になるよう，普及啓発を進めていくことが小職の役目かなぁと思ったりしております。

55 戸村式Q&A⑮：
とある監査人さんへのお悩み相談

Q：内部監査室の組織の下に「内部監査」と「内部統制」で分かれていますが，専任の内部監査担当者は1名で，実質的に，内部統制構築・運用・改善と監査（内部統制評価）の両方を遂行しています。部門責任者としては，内部監査室長がおりますが，別部門の部長と兼務しております。

しかしながら内部監査室長と内部監査専任担当者は，別の拠点にいるため，実質，内部監査専任担当者と同じ拠点にいる財務部長が，管理監督をしている状況です。

戸村先生の著書『しっかり取り組む「内部統制」：企業健全化プログラムと実践ノウハウ』によりますと，内部統制構築・運用・改善と監査（内部統制評価）の職務分掌は必ず分離させる必要があると，ありました。

どう物事を考えておけばよいでしょうか？

A：企業様ごとに監査・内部統制の方針がおありですので，内部監査室の下に内部統制の構築運営とは独立的・客観的立場としての監査担当と，内部統制担当の方に分けられていらっしゃる企業様は多くございます。

ただし，実質的に監査・内部統制の独立的評価と，内部統制の構築運用の両方を兼任している状態は，「自分で作ったテストを自分で採点して，オレは満点取ったぞ！」と言っているようなものですので，あってはならない状態です。

まっとうな監査法人であって，かつ，往査なども通じて内部の実態をちゃんと監査している監査人（監査法人）であれば，通常，そのようなことを見過ご

すことはないはずですが，監査法人の監査人の中には「知能指数の高いバカ」な人も多く，外部監査が形骸化してしまっている実態もあります（大手監査法人でも，東京の一部の精鋭会計士を除いて，2軍・3軍程度の監査人は，内部統制関連では残念ながら特に多いです）。

　また，組織形態上も，別部門の部長と内部監査室長が兼務というのは，通常，あってはならない形態です。業務先の部門の監査や評価を独立的・客観的に行えないためです。

　内部統制にお金も人も過剰にかけるのがよいわけではありませんが，御社は〇〇〇名様を超える従業員様がいらっしゃるようですので，その規模くらいだと少なくとも内部監査室長が別部門の部長を兼務しているというのは，監査法人も本来は納得してはいけないことだと思われます（とはいえ，現状では内部監査要員をたくさん配置できる規模ではないでしょうが……）。

　全般統制上，現在でいう重要な欠陥，新たな言い換えでは，重要な開示すべき不備となり得てもおかしくない問題でしょう。

　J-SOXを進められる上で，財務部長が内部監査スタッフの方よりJ-SOX型の内部監査関連事項に詳しいこともあるので，財務部長が内部監査スタッフを管理監督したい気持ちや実態は感情的には理解できますが，論理的には，全くあってはならない状況です。

　特に，上場企業様となれば，投資家保護の観点でも，財務部門の監査・内部統制評価を監査部門が独立的・客観的立場で行うからこそ，J-SOXのイン・ダイレクトレポーティング（監査法人がダイレクトに社内に入って監査するのではなく，各社が自主的に行った内部統制評価の是非を間接的（イン・ダイレクト）に監査法人が評価する）の正統性や信頼性が大きく揺らぎます。

　万が一，不正経理を行っていたとした場合，御社の監査が財務部長の管轄下に実態として置かれている以上，監査や内部統制報告書があたかも信頼おけるものとして「偽装」されている「監査偽装」状態にあり得ます。逆に言えば，不正経理を行いたい企業が内部監査スタッフをてなずけるにはうってつけの状態ということがいえるでしょう。

御社の内部統制報告書（第18期）では，「一般に公正妥当と認められる財務報告に係る内部統制の評価の基準に準拠した。」と書かれていますが，これは本当に「妥当と認められる」と言い切れるでしょうか？

　日本版ＣＯＳＯモデルでいえば，ご質問にある状況では，公正妥当な「業務活動の有効性・効率性の向上（内部統制の目的）」や，「統制環境」「統制活動」「情報と伝達」「モニタリング」（各構成要素）が崩壊していると言われても反論できないのではないでしょうか。

　先に触れましたように，自分で作ったテストを自分で解答・採点して満点でした，ということは，上場企業様の投資家保護上も，あってはならないことです。

　某大手企業の「飛ばし」による不正は，複雑なスキームですが，元をたどれば，財務部門，監査役，経営者の共謀であることを考えれば，いかにご質問の状況が危ういか，おわかりいただけるのではないでしょうか。

56 戸村式Q＆A⑯：
独立的評価と職務分掌について

Q：独立的評価と職務分掌について

これまでも，独立的評価の点で職務分離の必要性は示してきましたが，人的リソースの関係で果たせていない状況です。4月からの新年度においては，職務分離を実現できるよう働きかけていきたい考えですが，有効な対応方法や留意事項等ありましたらご教示いただけると嬉しいです。

A：内部統制評価（J-SOX）においても，構築・運用と評価の職務分掌は自明のこととして必要ですが，「書籍などで書かれていないため経営層が納得してくれない」との声もあり，これまでの多くのご相談者様から寄せられるご要望にお応えする形で，書籍に明記しておきました。

ただ，企業経営は監査に上限なく予算をつけられないのも当然ですので，人的にも資金的にもある程度限界があるのはビジネスの常です。

そこで，ついつい，金融庁でも議論されていたA部門の内部統制をB部門が評価し，B部門の内部統制をC部門が評価するという，私は「クロス監査」と呼んでいる形態にシフトすることを検討して見られる企業様がいらっしゃいます。

しかし，御社でこの状態のクロス監査をやると，全部門が「おたくの部門がバツをつけたら，ウチの部門もおたくの部門のバツをつけるよ！」とか「お互い"仲よく"やりましょうよ」といった，なれあいの悪しき統制環境が蔓延しがちです。それゆえ，私としてはお勧めしておりません。

56 戸村式Q&A⑯：独立的評価と職務分掌について

　ホームページで御社の情報を拝見しているだけですので，現場主義の私としては一概には申せませんが，まず，下記のような対応が求められるかと思われます。

1．内部監査室長の別部門の部長との兼務解消（経営陣の方々が内部統制を理解していないとすんなりいかないケースが多いですので，必要性や内部統制のそもそものところからご説得が必要かもしれません）
2．現場の内部監査スタッフの財務部長からの依存廃止
3．内部監査室長と別拠点にいる内部監査スタッフとの定期ミーティング，レポーティング体制の整備（お金をかけなくても，テレビ会議（スカイプはあまりお勧めではないですがそれでもできます），メールでの進捗報告と指示体制など，ごく基本的なお金のかからない方法でもできるはずです）。
4．その上で，人的リソース不足の対応を検討する（詳しく実態や状況などお伺いできればいくつか可能な選択肢が他にも出てくるかもしれません）

- 内部監査のアウトソーシング（監査役に非常勤の方がいるように，室長は正社員さんで，他のスタッフは内部監査のアウトソーシング）
  * 難点は人的コストがかかること，信頼おける人を雇えるかどうか，一緒に寄り添って内部スタッフのスキルを高める教育機能も果たしてくれるかどうか等の点
- 他部門から内部監査への異動
  * 最近は大手企業さんでも，営業部門などから監査部門にジョブ・ローテーションさせていらっしゃる企業の方が多いです（循環取引などは，営業部から来た人の方が監査に長けているかもしれません）。
- ＣＡＡＴ（ＩＴ利用監査技法）ツールで雑多な監査を効率化して，データ系の監査に割く時間を少なくして時間的余裕を生み出す（ツールは監査法人の使っているものと同じものでも１つ38万円程度で入手可能です）
- 定年再雇用にて内部監査要員を補充する
- 某監査法人の場合で，うまくいけば，同法人が各企業に余った会計士さんを無料か低額で派遣してくれることもある（日経新聞で報道の通りです

が……)ので，IFRS（国際会計基準）対応として経理に派遣してもらうのではなく，監査部門に派遣してもらうという手もなくはない

* ただ，派遣してくれる会計士さんは，精鋭というより，企業現場を知らせるための新人教育や余った会計士が回ってくるでしょうから，あまり働きに期待できないかもしれません。

・ワークライフバランスの推進と併せて，女性の社員さん，産休明け社員さんにも監査部門なら残業なく働ける道を提供させていただく

・最近ご相談が多いですが，監査役スタッフと内部監査スタッフの連携として，なれあいにならない状態で人員の連携・融通の道を探る

・変化球ですが，公認会計士試験を合格したものの，就職先がない公認会計士（補）の方をインターンシップとして内部監査スタッフに募集する

 （無料でも，会計士試験合格者の履歴書の空白を埋め，実務を学べる点で，社会貢献ですし，プレスリリース等を出されると，新聞社さんなどが「よい取組み」として注目されるかもしれません）

* ただ，情報漏洩を避ける上では，あまり核心的な仕事は任せられないかもしれませんが……。

なおなど。

57

戸村式Q＆A⑰：
監査の考えと現場を徹底して見る理由

Q：なぜ戸村先生は現場主義なのですか？

A：私が監査役の方や内部監査の方をはじめ，企業・各種団体のコンプライアンス運営や内部統制や不祥事対策から企業健全化プログラムなどの指導させていただく際，会議室でのお打合せはそこそこにして，なるべく現場そのものを拝見して現場指導にあたるようにしています。

それは，私が経営視点と現場視点を持ってバランスよく指導にあたりたいと思っているからですが，以下のような考えを持っているからでもあります。

確かに，かつての監査では，往査とは現場の証拠現物を見るために行うというようなことが教えられてきました。しかし，私は，監査は書類を見るのではなく書類を書いたヒトを見ることが重要だと思っています。

また，現場のヒトとヒトとの関係や雰囲気，現場の状態（「５Ｓ」（整理・整頓・清掃・清潔・しつけ）を踏まえた状態も含む）などをありのままに見ることが往査において最も大切です。

そう申しますのも，昨今のＩＴ経営やオフィスのペーパーレス化・電子文書化を鑑みれば，何もログの「現物」や文書の「現物」は，現場に行かなくても社内のシステムにアクセスしてチェックしたり，社内のイントラネット上で直接チェックしたりすることができる時代だからです。

書類の現物を見る往査ではなく，現場そのものの様々な状態を肌感覚で感じ取り，結果として出てきている不正・違反行為がそもそもどんなプロセスやプ

ロセスにおける影響要因があるのかを知ることで，問題の多面的な原因探しを往査で行うことが重要になってきているのです．

特に，監査で書類を見てハンコが漏れていないからそれでよし，というわけではなく，監査人が監査に回ってくるまでに実態として（アサーションでは実在性として）現場で統制活動が機能していたかを見抜く必要があるのです．

極端な話として，申請・承認の過程で，普段はハンコ１つろくに押印できておらず，申請内容の吟味やチェックも十分機能していない現場があったとしましょう．

その現場が，監査前に慌ててすべての書類にハンコをつじつま合わせのように押印（バレないようちょっとずつハンコの向きを変えて押印）していても，往査で書類を見た時にすべて形式的に整っていたとしても，監査人は形式が整っているからこの現場はよい現場だという判定を下してしまいかねません．

そうすると，現場の方々は，「そうか，監査って実態を見ないし，結果的に形式だけ整えればそれで優良部門の太鼓判を押してくれる程度のものなのだな」との心理的反応・考えを抱き，外形的適格性に偏った監査をすればするほど，現場の内部統制も監査の現場への実効性も，どんどん形骸化するという「監査の逆機能」に陥らせるというわけです．

我々が往査で見ているのは，現物の書類という名のいかにも健全そうに見える偽装された証拠なのではないでしょうか．また，書類というヒトが作成してできた結果として生じた物件が，本当に健全なプロセスで作成されたのかについて，どこまで踏み込んだ監査・往査になっているでしょうか．

また，私は，以下のような疑問を抱いています．

- 監査基準という色眼鏡を通してしか現場のヒトを見られないワナに陥っていないだろうか？
- 知能指数（ＩＱ）の高いバカになっていないか？現場との共感や共鳴をもたらすＥＱが欠落した監査になっていないか？
- 監査指摘が単なる監査側からの「教化」になっていないだろうか？
- 相互理解や相互の幸せや社会に役立つ監査になっているか？

57 戸村式Q＆A⑰：監査の考えと現場を徹底して見る理由

- 医療でいうＱＯＬ（クオリティ・オブ・ライフ）ならぬ，監査での「医師」にあたる監査人が現場のＱＷＬ（クオリティ・オブ・ワークライフ）を考えているのか？

などなど。

58 監査心理学について
（拙著『監査MBA講座　監査マネジメント技法：危機管理・リスク管理と監査』（中央経済社）より引用すると……）

　監査は，あくまでも機械ではなく監査人という人間が，被監査者という人間に対して行う経営活動の1つです。どれだけ論理的に正しい監査指摘も，現場のココロ動かざれば現場動かず，という実態があるのです。

　世の中に社会心理学や犯罪心理学や法廷心理学などがあるように，監査心理学は，監査における監査人および被監査者ならびに監査人－被監査者間のそれぞれにおける心理作用について見つめるものです。

　監査心理学の主眼としては，本当に監査人の被監査人や被監査部門に対する論理的あるいは感覚的認識は正しいのかを問い直す懐疑心によるものです。

　また，監査人は本当に「正しい」存在なのかを，監査人が陥りやすい心理的陥穽を見つめ直すことで，監査人も人間であり，ココロがある存在として，そのココロに潜む「正しさ」が「思い込み」にすり替わるパターンとリスクを見出し留意して妥当な監査を行えるようにするものでもあります。

　そして，監査心理学は，「思い込み」にすり替わる監査における心理作用を理解し，現場・被監査者を「価値フリー」で先入観や固定観念なくまっさらな状況で見て問題行為の根本的解決を行うために，また，監査人の持つ心証は妥当なのかを問い直していくためにも意義があるのです。

　被監査者にとっては，監査を通じて抱きがちな監査への誤解や心理的反発を知り，監査人－被監査者間の相互理解と建設的な協働へ向けた活動を行うために，監査心理学が寄与するものと考えられます。

　人による経営における監査論と心理学との融合が，グローバルな経営環境で

これまで通りの監査のあり方では監査の実効性が上がらない状況下で、特に必要性を高めているのです。

そこで、監査と心理について少々触れていきますが、その際、監査の場面においてもいろいろな示唆に富む研究から見つめることから始めようと思います。

【ミルグラムの研究に学ぶ監査人が陥りやすい監査心理学的なワナ】

さて、ここで、監査においても重要な示唆に富むミルグラムの心理学研究を引用・抜粋しておこうと思います。ご一読いただいて、あなたは何を感じますか？（岩下豊彦『社会心理学』（川島書店）pp.275-280をベースに1963年にミルグラムによって実施・発表された研究をご紹介）

　　実験が行われる２～３日前に連絡を受け、当日、エール大学へやってきた被験者は、実験に先立って、他のもう１人の人物（実はサクラ）と一緒に実験室に招じ入れられ、教育・学習過程に関しての諸説をまとめた本を与えられると共に、「「学習過程における罰」の効果を吟味するのが今日の実験目的であり、その手助けをして頂くのである」という"仕事の意義"についての説明を受けたうえ、これから行われる実験の構成を知らされる。"教師の役割を演ずる者（以下「教師」と呼ぶ）"が「青い　箱」、「よい日」、「野生の　鴨」等々の単語の対を読み上げてゆき、その後、「青い」という単語を読み上げそれと対になっていた単語を"生徒の役割を演ずる者（以下「生徒」と呼ぶ）"に指摘させ、もしも生徒が誤答した場合、教師が罰として電気ショックを与える、というのがそれに他ならない。

　　この記憶学習実験では、教師、生徒、学習過程を記録する実験者の３者が関与してしかるべきである。実験者は"実験補助を依頼した側の人物"がそれに従事して不思議ではない。問題は、教師と生徒の役割に誰がつくかということであろう。この実験での生徒役は"被験者と一緒に実験室へ招じ入れられた人物（サクラ）"が演ずるように定まっているのであるが、

ミルグラムとしては，教師役となる被験者に対し，「生徒役につく人物は自分と同じ立場で実験に参加した者である」と思わせる必要がある。そこで彼は，次のような巧妙な手を考えた。実験者が2人へ「どちらになりたいですか？」と尋ねると共に，間髪を入れず，"教師"，"生徒"と書いた細長い紙を用意してくじ引きのかたちで決める方法を提案するというのがそれである。このくじ引きに八百長が登場するのはいうまでもない。実験者は，両方とも"教師"と書いてある紙を用い，先に真の被験者に引かせるという手段で，それを行う。

　さて，くじ引きが終わると，教師および生徒を隣室へつれていったうえ，生徒の方を椅子に固定し（椅子の肘かけへ手首をバンドでとめる），腕へ電気ショックの電極をつけるが，その際，①生徒を椅子に固定したのは，彼が電気ショックから逃れ得ないようにするためである，②電極は，さきほどの部屋にあったショック送電器とつながっている，という2点についての説明を加える。その後，教師と実験者は，ショック送電器のおかれている部屋へ戻り，それぞれの所定の位置につく（中略）。教師の前のショック送電器の前面には，左から右へと横一列に30のスイッチが並んでおり，それぞれのスイッチには，15ヴォルトから15ヴォルトきざみで450ヴォルトに至る高圧表示と，それらを4個ずつグルーピングして「微弱なショック」，「軽微なショック」，「強いショック」，「非常に強いショック」，「強烈なショック」，「極度のショック」，「危険—激烈なショック」といった，強さに関する言語表示（右端2個のスイッチには意味ありげに「×××」とだけ記してある）とがある。しかも，スイッチを押すと当該スイッチのところのパイロット・ランプに鮮紅色の光がともりブザーが鳴るような仕掛けまでが組み込まれていた。

　やがて，記憶学習実験が始まるのであるが，その時点で教師（被験者）は実験者からそれまで考えていなかった指示を与えられる。「生徒が間

違ったらまず15ヴォルトのショックのスイッチを押し，その後，1回間違うごとにショック送電器の電圧水準を1スイッチ分（15ヴォルト）上げてください」，「もし30番目のショック水準（450ヴォルト）まで達した場合は，以後，その最高水準を使って罰を与え続けてください」，というのがそれに他ならない（被験者が最高水準すなわち450ヴォルトのスイッチを3回押した段階で実験を終了するよう企図されていた）。教師（被験者）は，生徒が誤答するつど罰として電気ショックを送るのが自分の役目である点よく承知していたところであるが，誤答するごとに電圧水準を上げていくことなど，それまで知らされていない。被験者にとっては全く思いもかけぬ事態におかれるが，戸惑うひまもなく生徒による記憶学習実験が進められ，しかも，生徒（サクラ）が"正答率四分の一になるよう予め定められた一定のやり方"で誤答をするので，スイッチのランクは否応なしに上がっていく。生徒は，105ヴォルトのスイッチを押すまではショックが与えられている間ブツブツ言うものの，比較的おとなしくしているが，120ヴォルトに至ると「痛い！」と大声をあげ，135ヴォルトでは苦しい呻き声を発し，150ヴォルトでは「先生，ここから出してください！，もうこれ以上はごめんです！，もういやだ！」と激しく訴える。180ヴォルトに至ると「痛くてたまらない！」と絶叫し，270ヴォルトでは苦悶の金切声をあげ，300ヴォルトでは「もう記憶テストに耐えられない！」と絶望的に叫ぶ（これらの発声は，すべて録音テープの再生）。

　もちろん，その過程で教師は，平然としていられない。何度となくためらい，ショックを続けてよいかどうかを実験者に尋ねたり，もうやりたくないと言ったりする。しかし，そのつど実験者は，①「お続けください」，②「実験のために続けることが必要なのです」，③「実験にとってあなたが続けることが絶対に不可欠なのです」，④「迷うことなく続けるべきです」などと，教師のためらいの程度に応じて勧告を行なう。④の勧告を出しても教師（被験者）が従わなかった場合，そこで実験が打ち切られ，中

止するまでに用いられたスイッチの電圧水準がその教師（被験者）の示した行動の測度とされたのである。

　この実験の実施にあたってミルグラムは，行動科学の大学院学生・教授，精神科医，中産階級の一般市民など計100名に，結果の予測を求めた。「被験者は実験を断るだろう」，「仮に従事したとしても最後までやり続ける者はごく少数しかいないだろう」とするのが大多数の答だったのは，了解し得るところであろう。ところが，ミルグラムが得た結果は，完全にこの予想をくつがえした。何と，40名の被験者のうち25名（62.5％）もが，最後まで実験者の勧告に従ったのである。（中略）

　なぜ62.5％もの被験者が生徒役の被害者に450ヴォルトのショックを与えるといった残酷な行動をとり得たのだろうか。「人には攻撃本能があり，それがこういうかたちで表れた」とする解釈をはじめとして，さまざまなことが考えられよう。しかし，ミルグラムは，解釈の多義性を取り除く実験を次々と行ないながら（中略），被験者のとった行動が"権威への服従（obedience to authority）"と呼ばれるべきものであることを主張した。そして，「権威組織に入ると，自分自身を"自分のために行動している"と思わなくなり，"他人の要望を代わって実行しているような気もち－すなわち代理状態（agentic state）"になるので容易に服従行動をおこす」と見做したうえ，代理状態にある者にみられる諸現象として，①チャンネル合わせ（個人は諸情報を受けるべくさまざまな他者とつながる複数のチャンネルをもっているにも拘らず，ひとたび代理状態になると，権威者に通じるチャンネルだけが敏感になる），②自分のおかれた状況的意味の再定義（個人の道徳観や価値観からみて承認できないような状況であっても，権威者が与える大義名分的な意味づけ－たとえば"科学の発展のための実験"－を受け入れ，その文脈のもとで再定義するようになる），③責任の喪失（自分に銘じている権威に対し背金を感ずる反面，権威に命じられた行為の内容に関し責任を感じなくなる），などを示唆

するのである。

　長めの引用になりましたが，以上のような心理学実験とその結果や解釈に触れて，あなたは何を思い浮かべたでしょうか。
　もしかすると，監査人の倫理や監査人における正しさのあり方を再考する必要性や，被監査者への対応の是非や，被監査者が現場の上長という権威者から違法な指示命令を受けた際の不正発生の原因など，ミルグラムの実験は，様々なことに援用して考えさせられる実験であったように思われます。
　確かに，このミルグラムの実験への批判や異なる解釈などもありますが，監査のあり方，監査人としてあり方，被監査者の心理の理解，監査人と被監査者間での監査を通じた接し方の是非，「誰（権威）に従うかより何（正しさ）に従うか」ということの重要性など，多くのことが示唆され得るものとしてご紹介させていただきました。

59 監査心理学パースペクティブ
（拙著『監査MBA講座　監査マネジメント技法：危機管理・リスク管理と監査』（中央経済社）より引用すると……）

　さて，ここでは，様々な隣接する心理学領域と併せ，監査心理学におけるいくつかの監査上の課題を見つめてみたいと思います。

　まず，監査人は監査にあたり，被監査者や被監査部門に対する心証形成を行いますが，果たして，この心証は妥当なものなのでしょうか。ここで，下図を見てみましょう。

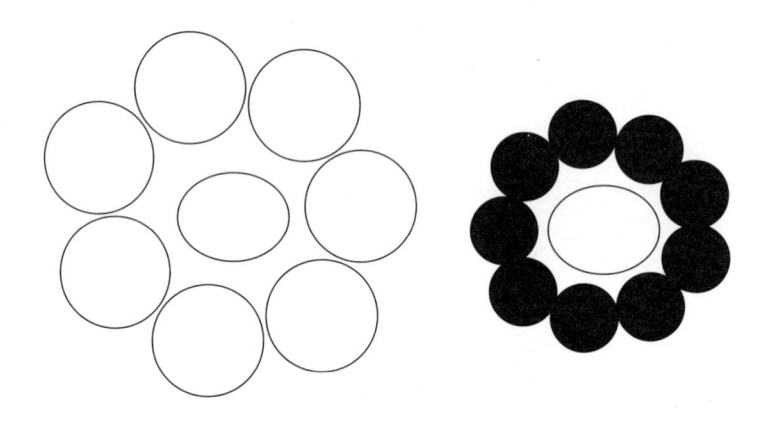

　この図では，真ん中の白丸の大きさはどちらも同じです。どうやら真ん中の白丸が大きいとか，周りの黒丸が小さい，といったように，監査人が認知して生じる監査対象者や対象部門に関する心証は，果たして「シロ・クロ」がはっきり妥当に築かれているのでしょうか。

　監査人も心を持つ人間であり，時として思い込みやパッと見た感じで物事を

判断してしまうリスクがあります。ヒューマンエラーの観点からしても，監査人自身が誤ったことを犯すことすらあり得ます。

次に，このようなことを念頭に置きつつ，監査人が有罪判事化するということが，監査マネジメント上のリスク要因として挙げられます。

監査人が自信と確信を持って監査にあたることと，監査人は絶対に間違ってない，正しいんだという思い込みを持つ監査心理学的なリスクを犯すこととは別物です。

監査人が自信と確信を持って監査にあたるためには，先入観や思い込みを捨て，現場に足しげく通って現場に寄り添いつつ，現場を肌感覚でも論理的思考の面でも両面から徹底して検証し，自信と確信が持てるまで監査人自身の考えを再考することを含めた自省や自制，懐疑心や探究心を突き詰めていくことが大切です。

さらに，監査人が正しさを追い求める思いが強く出すぎて，監査人が正当に持つ権限や責務を超えて，越権行為に走る監査人の心理的なワナもあります。

内部監査や監査役監査の域を超える刑事事件の警察・検察や弁護士にバトンタッチすべき問題まで，監査人が越権行為や過剰な介入・弁護士業務や警察権限に立ち入って解決しようとするもので，正義を求める心理が暴走してしまう方も見受けられました。

こういった専門家の暴走は，不正の手口に習熟し，法律や制度の抜け穴もよく理解していて，不正対策に力を発揮すべきはずなのに，逆に，その不正の手口に関する知見を悪用し，自己と不正の正当化のために賢い頭をフル活用してしまう知能指数の高いバカになってしまっているケースです。

また，監査人が当初想定していた結論や仮説が，監査を通じて実態として異なることが判明しても，相変わらず自らの当初の思い込みに執着して意地になって自説を改めないという姿勢を保つ監査人がいらっしゃいました。

筆者はこういった監査人の犯してしまう失態を，「オーディターズ・オーバーライド（監査人による暴走）」と呼んでいます。

言ってみれば，こういったことは，マネジメント・オーバーライド（経営者

による暴走）の逆バージョンみたいなものでしょう。

続いては，被監査者側の監査心理的なワナとして，筆者が「退職金シンドローム」と呼んでいるものがあります。

これは，定年退職前には厳格だった人も，退職金をもらって再就職や定年後に請われて役員などになった方が，退職金をもらった途端に安心して心のタガが外れがちな心理に陥ることによる問題です。

中には，定年再雇用の方が，「現役の時ほどうるさく言うなよ」とか，再雇用後は「働いてやっている」という心理から，被監査者の横暴であったりいい加減な仕事ぶりになる傾向が見受けられます。

また，被監査者が「認知不協和」に陥り，違法な方向へ「態度変容」することもあります。

簡単に言えば，被監査者が売上を上げたい心理を持っており，その中でうまく売上が上がりにくいという状況下で違法でも何でもノルマを達成したいと思うような場合，被監査者の両肩に「天使」と「悪魔」が認知不協和を起こす不快な状況になるつぶやきをささやきます。

天使は，「違法なことまでして業績を水増しや循環取引で達成してはダメよ」と言い，悪魔は「いいじゃねえか，そうそうバレないだろうし他にも違法なことをやっている奴は世の中に多いんだぜ」とささやきます。

何とか営業違法性という不快な状況を脱する際，「態度変容」として，根本的に考えや言行を改めて正しい道を進むか，それとも，不正の正当化・自分自身への言い訳をして言行を改めるのではなく考えを都合よく変えて，違法行為に手を染めてしまうかという，2つの選択を迫られるわけです。

監査側としては，現場でこのような「不快」な状態から脱しようとする方々を，どう妥当な方向に「脱する」，つまり，違法行為を犯させないで思いやりある歯止めをかけていくかが重要な指導ポイントになります。

その際，「説得の3パターン」が被監査者を救う監査となるために役立つかもしれません。

最後に，監査人―被監査者間の心理的要素について取り上げてみましょう。

59 監査心理学パースペクティブ

　往々にして，被監査部門である現場が内部統制上の監査などで監査側に反発してくることがあります。中には，監査人に監査アレルギーのような過剰に嫌がる反応が見られる現場の方々もいらっしゃいます。

　ただ，心理的に見れば，現場が内部統制の監査において監査側に反発するのは，実は，現場は「現場なりの内部統制」という現場の「仕切り」に自負があるということかもしれないのです。内部統制自体が嫌いなのではなく，監査から画一的な内部統制対応を押しつけられるのがいやなだけかもしれないのです。

　監査で現場から反発を招く原因は，内部統制自体や的確なはずの監査指摘自体が悪いのではなく，内部統制をどう現場なりの内部統制のあり方と社会・一般から求められる内部統制のあり方にしていけるよう指導するか，参画型で改善対応を考えていく姿勢があるかという監査コミュニケーション・監査心理上の問題に起因しているかもしれないということなのです。

　そこで，これからの監査人に求められる素養を，筆者なりにまとめてみました。

　明るさ，笑顔で接する監査コミュニケーション能力，友好性と一定の緊張感，結果だけでなくプロセスを見るシステム思考力，相手への尊重と共感能力，現場との共通言語能力，柔らかく噛み砕いて話せる能力，「表現と内容」を押さえて，同じ指導内容でも相手に伝わりやすいように配慮できる能力（同じ「バカ」という内容も，表現・言い方次第で相手にとっての「意味」が異なる： 愛する人から「バカね〜」と笑顔交じりに言われるのは愛情表現と相手に意味解釈されるものの，同じ「バカ」でも上司から「バカ！」と怒鳴られパワハラになる法令違反もある），各現場に応じたコミュニケーションを取れる柔軟性と譲れないことは相手に配慮しつつも譲らぬ芯の強さ，監査というある意味で少数派（マイノリティー）になっても協調性と一貫性を保ち，相手に正しいことを理解してもらい行動を改めてもらう姿勢（マイノリティーの研究：モスコビッチらの研究成果を参照）など。

　監査人は明るさが特に大切だと筆者がよく述べておりますが，現場を巻き込むリスク管理・コンプライアンス対応をする上でも，監査人自身のメンタルヘルス上も，明るさなき監査人は現場の心理的反発を招くという監査マネジメン

ト上のリスク要因を増大させ，監査人が暗く思いふさぐことでのうつ病などのメンタルヘルス上のリスクなどがあるからです。

　従来の監査人像とは大きく異なる面があるかとも思われます。しかし，様々な部門を総合横断監査として社内外・国内外の異文化対応を進める上でも，笑顔や監査コミュニケーション能力が必須です。

　また，「こう言ったら相手はどう反応するか，どう感じるか」といったことを理解せず監査指摘を言い渡すのは，相手をないがしろにする監査に陥ってしまい，結果的に監査の実効性が高まらないという監査マネジメント上のリスク要因となってしまうことが懸念されます。

60 「心身－身心」(こころみ－みごころ)
(拙著『監査MBA講座　監査マネジメント技法：危機管理・リスク管理と監査』(中央経済社)より引用すると……)

　ここでは「心身－身心（こころみ－みごころ）」という，一風変わったお話をご用意しております。監査する側とされる側の心理を理解し合うために，相手の「身」になって「考える」（心）ことが監査対応で重要であることを，この「身」と「心」について，簡単に図解したもので下図にてご紹介致します。

監督する側とされる側の心理・行動

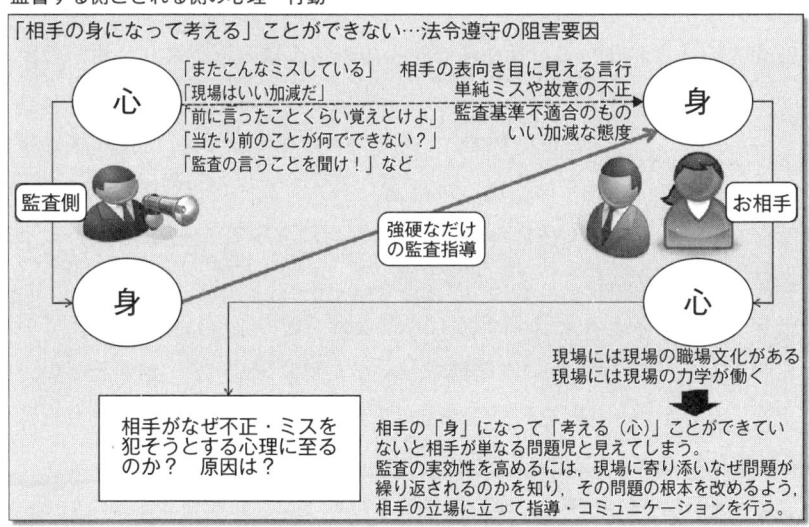

「相手の身になって考える」ことができない…法令遵守の阻害要因

- 心（監査側）
  - 「またこんなミスしている」
  - 「現場はいい加減だ」
  - 「前に言ったことくらい覚えとけよ」
  - 「当たり前のことが何でできない？」
  - 「監査の言うことを聞け！」など
- 身（お相手）
  - 相手の表向き目に見える言行
  - 単純ミスや故意の不正
  - 監査基準不適合のもの
  - いい加減な態度

強硬なだけの監査指導

- 身（監査側）
  - 相手がなぜ不正・ミスを犯そうとする心理に至るのか？　原因は？
- 心（お相手）
  - 現場には現場の職場文化がある
  - 現場には現場の力学が働く

相手の「身」になって「考える（心）」ことができていないと相手が単なる問題児と見えてしまう。
監査の実効性を高めるには，現場に寄り添いなぜ問題が繰り返されるのかを知り，その問題の根本を改めるよう，相手の立場に立って指導・コミュニケーションを行う。

　監査人としては，この図の絵の中に，監査人の「身」としての体があって，心理や頭脳での理解・感情としての「心」があります。

監査する側は，ついつい，「またあの部門でこんなミスをして……」とか，「現場はいい加減だ！」とか，「前に言ったことぐらい覚えておけよ！」とか，さらには，「当たり前のことが何でできないの？」といった感情や，「監査の言うことを聞けよ」という感情を持ちやすく，相手の「身」として表に見える言行を見るわけです。
　相手の表向きの目に見える言行だけを見て，単純ミスとか故意の不正という結果だけを淡々と処理しがちです。監査基準に対して不適合なもの，あるいはいい加減な態度という，「身」として表に現れたものだけを見て相手にレッテルを貼ったり，相手のことを判断したりしがちです。
　しかし，監査の実効性を高める上では，表に現れた言行だけを見つめているだけでは不足で，相手のその「身」として表に現れる言行を起こす源である，相手の「心」に思いを至らせる必要があります。
　つまり，相手の「身」に立場や目線を置いて相手の「心」を考察する，つまり，相手の身になって考えてみる必要があります。
　監査人の「身」として，目や耳で相手の表情を読み取ったり，相手の声のトーンを聞き分けたりします。
　しかし，そこにとどまってしまい，そういった相手の「身」として表に現れてくるに至るまでの相手の心理・「心」といった，相手の言行の背景に思いを馳せないと，監査の実効性を高める対策を打つに至らず，対症療法的に後手後手の監査対応に終始してしまいかねません。
　監査心理学を考える上で，「相手はなぜなにをどのように感じ，考えているのだろうか」「相手はどういう職場でどんな人間関係の中で，何が正しい，何が正しくないという判断をしてこの言行を起こしたのだろうか」という点について，相手の「身」になって「考える」ことが大切です。
　また，そういった相手の心理背景をくみ取れるように監査コミュニケーションを取っていくことが非常に重要です。
　相手の身になって考えるということができないと，相手が単なる問題児というか，厄介者というように一律に固定観念や偏見を持って見てしまうというリ

スクが生じ得ます。

　監査の実効性を高めるためには，現場に寄り添って，何で問題が繰り返されるのだろうかという点について，その原因を根本に遡ってみていくという姿勢が必要です。

　ある問題において，隠れた原因は何なのかということを見極めていくために，相手の立場に立って，相手の視点で監査心理学を見つめていくことが大切なのです。

61 監査心理学から見た不正に陥りがちな心理的陥穽

（拙著『監査MBA講座　監査マネジメント技法：危機管理・リスク管理と監査』（中央経済社）より引用すると……）

　財務面だけではなく，内部統制は経営姿勢や企業・各部門への信頼面での与信のようなものともいえるでしょう。

　監査においても，経営においても，人間関係・監査コミュニケーション・監査指導上などにおいても，人と人の「社会的な契約」における「不渡り手形」を出さないようにすることが重要です。

　また，「片務的統制」に陥らないように内部統制の運用には留意が必要です。内部自治として，また，企業内における相互性・平等性ある社会契約として内部統制が行われる必要があるのです

　しかし，往々にして，マネジメント・オーバーライド（経営者の暴走）によって，内部統制に問題のある行為を押さえつけておくために人事権を濫用する片務的統制がなされがちです。

　内部統制は内部自治として，統制主体にも内部統制で求められるが双方向的に及ぶものであって，経営者は，ついつい，内部統制は部下を統率するためにあって自ら身を律する必要はないと思ってしまいがちです。

① 「やばいメールは消せ」――。

　電子メールの削除という単純な作業が引き金となって，日本振興銀行の木村剛前会長ら新旧経営陣が逮捕・起訴された事件がありました。金融庁検査を妨害した，この不正行為を始め，違法な融資を正当に見せかける迂回融資も行っていて，日本初のペイオフに至った大問題でした。

本来は木村被告の経営執行に対し，違法行為がないように監視する義務を負い，暴走を阻止すべき役割を担うべき取締役会は十分に機能してきませんでした。しかし，木村被告の逮捕後，その暴走を許してきた取締役会の総責任者（取締役会議長）で，著名作家の江上剛（本名・小畠晴喜）氏が同行の新社長に就任したというのは，とても倫理的にも問題があるガバナンスをしている金融機関であることを露呈しました。

　同行の取締役会が木村被告の暴走を見て見ぬふりをしたとすれば，その暴走を「積極的に黙認してきた」ものとして，他の役員が誠実な業務執行を行っているか監視する義務からも法的責任が問われてしかるべきなわけです。倫理的・道義的観点からも，江上氏の社長就任によって，同行の「不正の血脈」が受け継がれる危惧を筆者は感じていました。

　結局，2010年9月10日に同行は経営破たんしました。信頼失墜で預金引出しや不祥事対応の引当金などの影響で債務超過に陥ったのでした。日本初で預金者の一定額を国が保障する「ペイオフ」が適用され，江上氏は再建を目指すと述べましたが，同行が金融不信という汚点を日本の金融界に刻み込んでしまった感があります。

② 「誰に従うか」ではなく「何に従うか」が重要

　ここで発覚した日本振興銀行の一連の不正は，絶対的な権力を持った経営者の暴走によるもので，一般の会社員にとっては縁遠い話だと思うかもしれません。しかし，一般の社員でも不正に関わるワナと常に隣り合わせなのです。

　2007年に北海道を拠点として営業していた食肉加工卸会社ミートホープ（同年破産）による偽装牛ミンチ事件は，経営者の違法な指示に従業員が黙認して従い続けたことによって起こった事件でした。

　偽装は20年以上にわたって行われていたといわれています。大手企業の中では，例えば，2008年に発覚した某大手IT企業の子会社の社員が行った循環取引は，実際の取引実態がないままに帳簿上だけ売上を計上し続け，幹部社員やその部下や取引先企業との共犯で行われた事件でした。

不正はこういった確信犯的なものだけではありません。2007年の大手印刷会社での860万件を超える協力会社社員がつい軽い気持ちから起こしてしまった個人情報の流出事件や，各社で今なおなくならないメールやファックスの誤送信による情報漏洩など，不注意から起こる不正も多くあります。

これらの事件はすべて，特段に高度な不正の仕組みがあったわけでもなく，明日にでも我が身に起こり得る身近な問題なのです。

日本振興銀行の事件もミートホープの事件も，「不作為による作為」が大きく関係しています。上司が指示してきたことだからと「仕方なく」「空気を読んで」従ったりするのが，それに該当するわけです。

また，不正を見て見ぬふりをするのは，目撃・認識した不正行為を「積極的に」黙認したことになるのです。

不正を犯さないために重要なのは，「誰（上司）に従うか」ではなく，「何に」従うかという姿勢に他なりません。法令や監督官庁の指導等に沿い，いかに「正しさに従うか」が不正対策で重要な姿勢です。

2006年施行の不正・不祥事の通報者を報復から守る公益通報者保護法によって不正を通報した者が保護されるようになりました。「上司の言ったことだから従った。自分は悪くない」というのではなく，上司の不正な指示を否とし，必要に応じて内部通報・内部告発等を通じて「正しさに従う」対応が，同法の基本的な理念として強く推奨されているのです。

③ 陥りがちな心理的なワナ

筆者は，働く人の心理と不正防止の監査のあり方を融合させた「監査心理学」を提唱し，形式面での不正対策に加え，そもそも不正を犯しにくくする心理面の対応も重要であると唱えています。

その中で，多くの企業やその従業員が不正に陥る類型と心理的陥穽の典型例を３つ挙げれば以下の通りです。

第１の「経営者の暴走型の不正」は，経営陣が融資を得て経営を継続させて保身や実態以上に背伸びしようとしたり，証券アナリストから高評価を得て株

価を高め株主からの追求を逃れたりしようとしたりして，高い能力のある経営者としての地位や評判を維持・保身したいという心理的なワナなどが当てはまります。自らの経営能力の過信と虚栄がもたらすワナですよね。

社外役員・独立役員（一般株主と利益相反が生じる恐れのない社外取締役，または社外監査役）の制度やコーポレート・ガバナンス（企業統治）の機能不全の典型例でもあります。

第2の「『知能指数の高いバカ』型の不正」は，優秀な社員が巧妙に業績の数字作りをするケースなどがこれにあたります。不正の抜け道を巧妙にかいくぐる知的センスを発揮して，上司の期待に応えられ続ける優秀な社員を演じたいと思い，ついつい論理的に見える感情的判断によって一線を越えてしまうのです。また，優秀であるがゆえに，出世できなくなるのを避けたいと考えて不正を黙認したりするのも，このパターンです。

第3の「不正認識欠如型の不正」は，本人としては不正を犯している認識はなく，正しいことをしているつもりで不正に陥ってしまうパターンです。上司が目をかけた部下に対して，昔ながらに「厳しく指導して成長させる」として執拗な叱咤激励でパワハラとして訴えられるケースがあったりします。

上司も部下も時代や世情ともに感受性が変わり，遵法意識も変わる中で，依然として昔ながらの対応でよいと思い，新たな職場環境に適応ができないままに不正を犯す例であったりします。

心理面だけでなく，組織運営上の問題としては，承認印の扱いというハンコ1つの取扱いがいい加減であるようなケースも，不正が誘発されやすい一例です。大手企業の中にも，部長不在時に決裁印を決裁権限のない部下に預けて押印させている企業が散見されます。

これでは，正しいプロセスを経ずに，企業の人・物・金・情報が勝手に操作されやすい状況が放置され，その部下が不正の誘惑にかられてしまうことにもつながり得るのです。

④ 内部統制は「健全に儲け続けるための仕組み」であるということ

　不正対策でも必須の「内部統制」は，企業の営利を阻害するものではありません。正しいことを実行し，誤ったことは中立・公正な視点で早期発見・早期是正し，幸せな企業体を構築・維持する「健全に儲け続けるための仕組み」そのものです。不正・不祥事が原因で倒産し，職を失うことのないようにする仕組みでもあるのです。

　しかし，日本振興銀行は極端な例であっても，大なり小なり，多くの日本企業では必ずしも十分に内部統制が機能しきれていないのが実態です。

　企業経営においては，お金儲けの活動は車のアクセルに，リスク管理・内部統制はブレーキに例えられます。「こうすれば目先では儲かる」という経営のアクセルと，「そうすると不正になるのでやめておく」という経営のブレーキ（不正対策）を同時に踏んだ際，ブレーキが優先して事故を防ぐ自動車システムに似た，経営における「ブレーキ・オーバーライド・システム」が，今の日本企業には一段と求められているのです。

　リスク対応で定評のあるジョンソン＆ジョンソン社では，経営陣の重要な意思決定をはじめ，社員の日常会議に至るまで，「自社の社是に合う判断なのか」を常に自問自答しています。

　追求すべき「正しさ」を最重視し，社是に合わないものはどれほど儲かる案でも否決するほど，社是が徹底されているわけです。

　不祥事が多発している昨今，日本企業においても，もはや，社是・経営理念が壁に額入り掲げられるだけのきれいごとのお飾りであってはなりません。

　意思決定のすべてにおける「正しさ」の基準として，不正対策面でも，「お飾り」として表面上はいかにも優良な企業経営を行っているかのように喧伝してやまない「社是」が，改めて，企業全体で参照・適用される，また，監査を通じてそのようにされる経営がより重要になってきているのです。

62 「エンタープライズ・リスク・マネジメントにおける歴史的視座とこれからの行く末」

① 経営の可視化（見える化）で歩んできた収益戦略・業務活動の系譜

これまで，戦略・業務活動の遂行におけるPDCAサイクルを回す上でも，戦略・業務活動の意思決定の上でも，まず，自社の状況をリアルタイムで可視化して意思決定の判断材料を整えてきました。

BI（ビジネス・インテリジェンス）や，営業部における情報共有やチームとしての営業活動支援の手法としてのSFA（セールス・フォース・オートメーション），在庫数・販売数のデータのリアルタイム表示など，様々な可視化経営手法・ツールが出てきました。

次第に，経営陣としても全社的に戦略・業務活動の可視化による意思決定の判断材料を網羅的に求めて，CPM（コーポレート・パフォーマンス・マネジメント）といった手法・ツールが出てきて，経営陣は様々な自社の生の情報を一覧できるダッシュボード経営というアプローチを取るようになってきました。

その中で，ダッシュボード経営の弊害ともいえる情報過多・選択不能の克服と，短期的な財務データに右往左往されてしまって長期的な競争力を高める経営ができなくなってしまうような問題を克服するべく，BSC（バランス・スコアカード）がクローズアップされ，ダッシュボード経営は重点的対策の色合いを持つコックピット経営に進化してきました。

BSCでは，重点的な戦略目標・業務活動目標等に重点的に対応するというアプローチに進化してきました。指標管理も，KPI（キー・パフォーマンス・インジケーター）を用いた重点的なデータ管理に進化してきました。

② これまでの可視化経営がぶち当たった壁

　ＢＩからＢＳＣまで，これまでの可視化経営では，収益戦略・業務活動のＰＤＣＡサイクルを回す手法・ツールとしての色合いが強く，リスク対策や内部統制の観点がかなり欠落していた現状がありました。

　昨今の偽装問題や様々な不祥事のように，企業の信頼性が，ブラックボックスのようなものから出てきた結果としての財務諸表からではなく，Ｊ－ＳＯＸにあるような内部統制報告書や収益戦略・業務活動をどのようなリスク対策への貢献を果たしながら行ってきたかというプロセスの健全性に依拠する，あるいは，消費者や取引先などのステークホルダーがそこに重点を置くようになり，これまでの可視化経営では大きな壁にぶち当たっています。

　ＢＩからＢＳＣまでの系譜では，企業内の導入・推進部署は，主に，経営企画室や社長室といった従来の花形部署であって，隅に追いやられがちな内部監査部やリスク対策関連部署がそれらに関与することがほとんどなかったと言ってよい状況です。

　企業の競争優位や差別化の源泉が，「納期が早い」「安い」「高級である」といった従来からのものから，今は，「信頼性」「安全」「安心」といったリスク対策面での成果にシフトしています。

　これまでの可視化経営が可視化してこなかった，または，可視化できていなかった内部統制という「健全に儲け続けるための仕組み・プロセス」や，フード・ディフェンスと呼ばれる食品の安全管理・リスク対策が，これからの可視化経営に必要になってきているのです。

③　Ｊ－ＳＯＸを契機とした財務リスクの可視化は部分最適でしかない

　Ｊ－ＳＯＸでは，あくまでも，企業内の財務諸表ができるまでのプロセスが健全であることを証明する，新たな可視化経営が法的に要求されました。

　胡散（うさん）臭いコンサルタントや理解不足の監査法人の指摘から，膨大な作業量を課された企業にあっては，Ｊ－ＳＯＸ対応をしただけで，何か，自社のすべてのリスク対策をしたような錯覚，あるいは，曲解した自己満足と疲

労感による異質な達成感を覚えるところも多く見受けられます。

　残念なことばかりではなく，2007年〜2008年にかけて，内部監査部や財務経理部といったＪ－ＳＯＸ推進部署が，一気に地位回復を果たして花形部署へと変貌しました。財務リスクに偏重している状況とはいえ，内部統制・リスク対策関連部署が，経営企画室や社長室と同じほどの予算・地位などを獲得できたことは，経営の全体最適としてのＳＲＢに見る攻めと守りのバランス化が一歩進んだ点で意義がありました。

　ただ，2008年にリーマン・ショックとして起こった不況の引き金となる事態にも見られるように，内部統制・リスク対策は様々な問題に対応する必要があり，幅広い観点と組織の横糸的な活動・部門横断的な活動が求められます。

　そこで，また，収益戦略・業務活動における可視化経営と同じ流れを通じ，さらに，最終的には攻めと守りの進化した統合的なアプローチとして，収益戦略・業務活動とリスク管理を一元化するＳＲＢ（ストラテジー・リスク・バランス）に収斂されていくことになります。

④　内部統制・リスク対策の可視化経営の系譜と展開

　米国での本場ＳＯＸ法対策を契機として，リスクの状況を可視化するツールが日本にも上陸しています。ＩＴベンダーからは，オラクルのＧＲＣツールや，小職が監修しました（株）アシストの「監査れポータル」（「れ」はひらがな）をはじめ，同じく小職が開発・監修しました内部統制意識調査「内部統制＆リスクマネジメント健診」といった，リスクの可視化手法・ツールが出てきています。

　これらを，リスク可視化経営の初期段階として，ＲＩ（リスク・インテリジェンス）というＢＩやＣＰＭと同じようなアプローチが出揃い始めました。

　ここでも同じく，Ｊ－ＳＯＸの基本理念であるはずの「重点的なリスクを重点的に対応する」というベースと，リスク面のダッシュボード経営の弊害となってくる情報過多・選択不能などを克服するべく，ＢＳＣと同様に，小職が世界初で発表しましたＳＲＢスコアカードの一部として，リスク面でのスコア

139

カードとリスク面のコックピット経営に展開することになります。

　また，各種リスク対策は，バラバラに対応していては重点的な対応ができないため，前述のｉＥＲＭというリスク面の統合的アプローチに進化していくことになります。

　ちなみに，ＫＰＩと同様に，小職が提唱・普及啓発しているＫＲＩ（キー・リスク・インジケーター）やＫＣＩ（キー・コントロール・インジケーター）という概念と手法も，既にご活用いただいている大手企業様がいらっしゃいます。

　＊ＲＩ：リスクインテリジェンス® 戸村
　＊ＫＲＩ：キーリスクインジケーター® 戸村
　＊ＫＣＩ：キーコントロールインジケーター® 戸村

⑤　この先に現れる新たな壁を打破するＳＲＢ

　収益戦略・業務活動の可視化経営の系譜と合わさって，収益戦略・業務活動の可視化経営と，内部統制・リスク対策の可視化経営とが，同時に新しい大きな壁にぶち当たることになります。

　その壁とは，社是・経営理念の下に，収益戦略・業務活動と表裏一体のものとして内部統制・リスク対策活動がバラバラに管理され，「声の大きい」役員が管轄する課題（それが収益戦略・業務活動であったり，内部統制・リスク対策であったりする）に自社の意思決定が引っ張られてしまう（偏重する）ために起こる部分最適化や，収益戦略・業務活動と内部統制・リスク対策の活動の管理における整合性がとれていないために起こる「収益を圧迫する過敏すぎる内部統制・リスク対策」や「収益に目移りして内部統制・リスク対策が疎かになる拝金型経営」といった弊害を引き起こすことになります。

　そこで，収益戦略・業務活動と内部統制・リスク対策の一元管理モデルであるＳＲＢと，双方の整合性あるＰＤＣＡサイクルを回すための，ＳＲＢスコアカードへと発展していく展開となります。

63 不都合な社会史観：
不祥事はなくならべからざるしてなくならない

　拙著『監査ＭＢＡ講座　監査マネジメント技法：危機管理・リスク管理と監査』（中央経済社）においても触れたことですが，監査人にとってマクロ視点で不祥事や不正や逸脱を見つめ直す上で重要なポイントをまとめております。

① 「法令を守ること」のマクロ的視点
　筆者としては，自由民権運動や各種民主化運動などを見るにつけ，「法令を守ること」は必ずいついかなる状態でも正しいことなのか？　という視点を持っております。
　そういうのも，民主国家ができるまでに，果たして，歴史を変える「違法行為」は一切なかったのか？　という問いを発すれば，往々にして，旧来の政治体制・国家体制・法体系にミクロ的には違反する言行・運動が，新たな民主化を導く勇気ある一歩になっていることがあるからです。
　例えば，南アフリカのマンデラ氏は投獄されていたり，封建制度を打ち破る「自由」獲得への変革・革命があったり，身分制，男尊女卑を強いるかのような法制度を変える旧来は違法とされてきた運動や民主化運動があったりするわけです。
　そのような際，独裁国家の「法」が人民を苦しめる「悪法」でも法なりか？　という問題意識を持ちやすいかと思われます。これは，言ってみれば，「法令遵守の逆機能」として，価値観の多様性や人権が毀損されてしまう反倫理的なことすら，「法令遵守」というミクロ的な視点では正当化され得るという危険

性があるということなのです。

「コンプライアンス＝（既存の）法令遵守＋社会的規範の積極的尊重」であり，既存の法体系や個別の法が社会的規範や社会気運・社会的要請に信をなさず期待に応えられなくなってくると，上記のようなマクロ的に妥当とされ得る（ミクロ的に既存の法において）違法とされる運動が，社会を変革するということが起こってきます。

組織学習的な観点を持ってみると，シングルループ・ラーニングとダブルループ・ラーニングのようなものや，同じ英単語で表すと，下記のようなものとして示せるかもしれません。

ミクロ的に現行法に沿って何かに「効率的に」従うという意味で，"Doing things right"（rightは副詞）と，そもそも，現行法の根本的意義やマクロ的・歴史的意義を問いながら倫理的にも「正しい」ことを行うという意味で，"Doing right things"（rightは形容詞）として，端的に示されることでしょう。

② 法と秩序（Law & Order）も文脈（コンテクスト）次第

「法と秩序を保つ」というと，一見してよいことと思われがちですが，それが本当にマクロ的・歴史観的にもよい「意味」を持つかどうかは，意味解釈の「文脈」（コンテクスト）次第です。

例えば，ある独裁専制国家において，国の代表を選ぶ選挙が行われたとしましょう。その選挙の投票率は100％で，当選者の得票率も100％だったという場合，これって，本当に「選挙意識が高くてよい国」とか，「選ばれた国の代表者は全国民に民主的に支持された」という意味を持つのでしょうか？

そもそも，多様な意見や少数派の意見が尊重されているといえるのか，反対派がないことに違和感はないのか，というような疑問が普通に湧いてきます。むしろ，圧政・軍政などで投票を強要され，投票に行かない自由や棄権する自由も，選択する自由などもないのが実態でしょう。

人類の多様な進化や，没個性でなく様々な個性や価値観が共存しダイバーシティが尊重されるべき世の中で，100％足並みが揃うということは，そもそも，

本当に問題ないことなのでしょうか。

　経営学・MBAの授業などでも，経営層においても多様性あるチーム作りを勧めています。多様な観点から課題に対応できることで難局を乗り切る上でも，社長の暴走を防ぐ意味でも，「100％〇〇」というのは，実は，経営における最大のリスクであり，監査対象・是正対象事項であることがあるのです。

③　法令違反に対する対応

　もしも，現行法において，法令違反が起こったら，我々はどのような対応にさらされるのでしょうか。大まかには，下図に示すように，①法令・規制の強化や通達による事実上の法令強化，②起訴等には至らないままに是正勧告はするが黙認状態，③社会的要請と見て新たな判決や法改正による次世代対応，というようなことになるはずです。

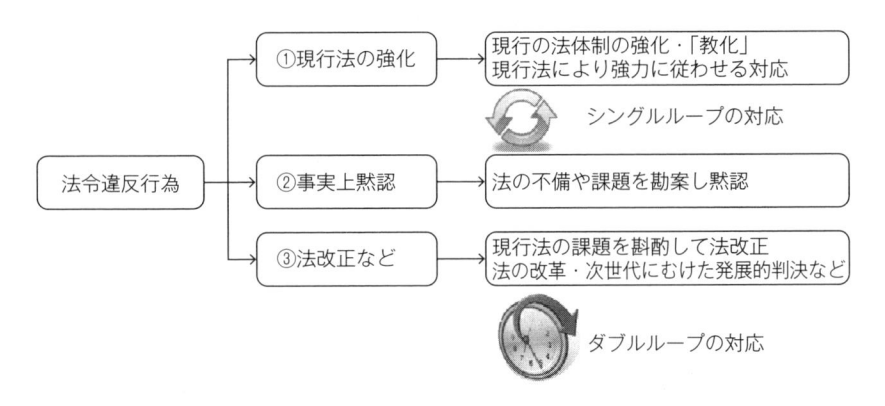

```
                    ┌─ ①現行法の強化 ─→ 現行の法体制の強化・「教化」
                    │                    現行法により強力に従わせる対応
                    │                              ↻ シングルループの対応
法令違反行為 ──────┼─ ②事実上黙認 ─→ 法の不備や課題を勘案し黙認
                    │
                    └─ ③法改正など ─→ 現行法の課題を斟酌して法改正
                                         法の改革・次世代にむけた発展的判決など
                                              🕐 ダブルループの対応
```

　単なる自分勝手で断罪されるべき破壊的法令違反だけでなく，次世代を拓く現行法へのアンチテーゼとしての建設的な違反行為もあり得るわけですが，「法令遵守」「法令違反をなくす」と無機質で画一的な対応においては，どちらも同一に断罪され社会から制裁を加えられることになり得ます（別にテロを称賛していませんが……）。

　特に，医療と法において，病気腎移植や医療倫理と，目の前にいて苦しんでいる患者さんや妊婦さんを半ば「見殺しにする」ようなことが法令遵守として

医学会で称賛されるようなこともあります。

　法令に従うことが，盲信的にすべてマクロ的に正しいとは限らない可能性があるということは，監査倫理として，頭の片隅に置いておくべき視点でしょう。

④　法令遵守の逆機能

　法令はある時点の社会的要請や社会規範などを反映して立法され，その時点での最適化を目指しているものである以上，時代とともに法令は社会環境や社会的要請・社会人民間の新たな社会契約として改正される必要があります。

　例えば，労基法，労働契約法，介護・育児関連の休業法，「雇用の調整弁」と人間を部品として扱うような言い方のされてきた派遣社員さんに関する派遣法の改正などでは，過去の時点で想定されなかった問題が法の抜け穴化しています。

　残業代の割増や時間単位での有給休暇取得，ワークライフバランスの推進・育児休暇のパパ・ママプラスなどを含め，様々な改訂がなされてきました（まだまだサービス残業が常態化している中では，不十分な面も多々ありますが……）。

　また，サイバー犯罪，高度な産業スパイ，その他最新テクノロジーによるもろもろの犯罪では，現行法の抜け穴を突いていることもよくあります。

　例えば，某製造業の外国人労働者が設計図などの極秘機密データ持ち出し問題が起こりましたが，その際の現行法では，ＵＳＢを不正に使っていた時間だけに関して，その時間に不正に使った電気代の請求を電気窃盗罪（額にして数円）としてしか問えないという課題も世間に突きつけられました。

　一方で，現行法の課題と社会的要請からの逸脱行為には，あまりにもバカげていて，立法者と現場との乖離やスレ違いが顕著になるケースもあります。

　例えば，介護請求において，ヘルパーさんが要介護者のもとに派遣されて，介護・家事等サポートする上で，窓を拭く際に家の内側の窓しか拭けず，窓の外側を拭くと違法になるというバカげた，実態と合わない基準があったりしました。

　ミクロ的に法令違反と一律にみなされる言行の中には，マクロ的に見て，法

令違反，逸脱行為が次世代の常識・社会契約を築き上げる原動力となることがあり得ます。

⑤ 法令改正にも現行法に則った変革が必要

　法令遵守の逆機能があっても，やはり，民主国家として現行法に則った正式な手続きで法改正への動きを取らなければならないことは，法治国家で民主社会・社会契約上は自明なことでもあります。

　「悪法も法なり」といえど，やはり，悪法の問題点は見過ごせないというのが当然の心理です。ただし，「悪法」を改めるにあたって，違法な手続きではテロのようなものにのみ頼る状況になってしまいかねないのは，悲劇を招きかねません。

　また，法による内部統制はあっても，法による思想統制やメディア統制があっては，自由意思や情報格差が強制されるため，あってはならないこととなります。

　多様性を認め，少数派（マイノリティー）の権利保護を進めないと日本では少なくとも憲法違反となってしまいますし，他国の場合では，世界的社会規範にたがう問題となってしまいます（法令の濫用で押さえつける対応は問題ですよね）。

　また，規範からの「逸脱」は社会学・社会心理学的にも多様性ある人類の進化に欠かせない反応と見られます（ただ，マイナスの逸脱が問題）（下図参照）。

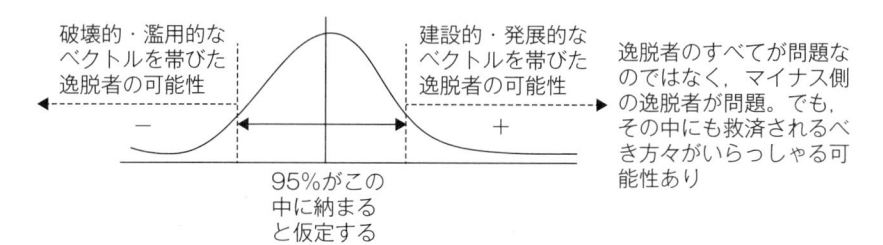

破壊的・濫用的な
ベクトルを帯びた
逸脱者の可能性
　　　−

建設的・発展的な
ベクトルを帯びた
逸脱者の可能性
　　　＋

95%がこの
中に納まる
と仮定する

逸脱者のすべてが問題なのではなく，マイナス側の逸脱者が問題。でも，その中にも救済されるべき方々がいらっしゃる可能性あり

⑥　監査にも援用すべき「社会化」と「教化」という視点

　監査は時として悪しき社会化や教化に陥ってしまうと筆者は危機感を抱いています。その社会化・教化とは何かについて，少し紙面を割いて見つめてみたいと思います。

　特に監査に関わる重要ポイントは，以下に引用致しますものの中で掲載しています。

　ここでの社会化に関する引用の出典は，日本大百科全書（小学館）執筆者：柴野昌山氏を基にしています（2010年7月参照時点）。
http:// 100.yahoo.co.jp/detail/%E7%A4%BE%E4%BC%9A%E5%8C%96/
　また，ここでの「教化」に関する引用の出典は，日本大百科全書（小学館）執筆者：森川　直氏を基にしています（2010年7月参照時点）。
http:// 100.yahoo.co.jp/detail/%E3%82%A4%E3%83%B3%E3%83%89%3%82%AF%E3%83%88%E3%83%AA%E3%83%8D%E3%83%BC%E3%82%B7%E3%83%A7%E3%83%B3/

　　　社会化（socialization）とは，人間が，集団や社会の容認する行動様式を取り入れることによって，その集団や社会に適応することを学ぶ過程をいう。社会化は，基本的には学習である。諸個人は，他の人々との相互作用を通して，行動の仕方，ものの考え方，または感情の表出や統制の仕方を学習するが，このような社会的場面における学習の過程を社会化というのである。

　ここで見る社会化では，監査で直面する問題や，内部統制・コンプライアンスは教育（社会化）の問題だと筆者は警鐘を鳴らしてきましたが，社会化の観点でより明確に浮き彫りになっている感じがします。

63 不都合な社会史観：不祥事はなくならべからざるしてなくならない

社会化の3段階

社会化は，人間のライフ・サイクルにおいてみるとき，幼年期社会化，青年期社会化，および成人期社会化の3段階に分かれる。

〔1〕 幼年期社会化

人間が生まれてから乳児期，幼年期を経て児童期に達するまでの期間に進行する社会化である。人間のパーソナリティーを基本的に決定する時期にあたるという意味で重要な基礎的過程であり，従来の実証的社会化研究も主としてこの時期の社会化に焦点を置いて行われてきた。幼年期社会化が進行する場面は，まず第一に家族集団である。そこでは主として母親が子供にとっての「有意味な他者」であり，子供は母親に対する「同一視」を通して直接的には，その母親に特有な価値・態度様式を取り入れる。だが同時に子供は，母親の背後にあるその社会の文化の型や共有的な行動の様式を取り入れることによって，その社会にふさわしい成員性を獲得するのである。したがってこの意味で，母親および保護者は，その社会における「社会化の代行者」であり，子供は社会化の被作用者である。この時期の社会化過程は，連続的に分節化された段階，すなわち口唇期，肛門（こうもん）期，エディプス期，潜在期を経過するが，このなかで一貫してたいせつな社会化の課題は，母親との一体関係からの自立と性的役割をとることについての学習である。

幼年期社会化の第二の場面は仲間集団である。幼児は，遊びやゲームを通して他者の期待を取り入れ，社会的期待にこたえる方法を学習するが，学童期に入ると自発的にギャング・グループをつくり，そのなかで形成された独自の規範（掟（おきて）・決まり）に従うことから協同性や道徳性を身につける。すなわち，子供は幼年期社会化の過程で，その子供なりの個性を形成するとともに，多様な社会関係を通して社会性を獲得するのである。

その時代ごとの文化的背景を受け入れ，取り入れることによって，各時代に合った様々な志向性や文化性や価値観のある人材が生まれてくることになるわけです。

　ある時代のある常識や「当たり前」のことは，実は，別の時代の非常識であったりします。そういった中で，時代を経るに従って移ろう妥当な言行は，監査指摘を行う際に，その文化的背景や価値観の差異を念頭にしておかなければならないと思う次第です。

　環境適応型監査が必要であるというのは，様々に揺れ動きながら存在するそれぞれの人にとっての正しさの感覚を踏まえ，相手に納得感ある実効性を高める監査を行うために必須だからなのです。

〔2〕　青年期社会化
　　思春期から青年期を経て一人前の大人へと成長していく過程の社会化である。この時期の最大の達成課題はアイデンティティの獲得である。アイデンティティとは「社会的価値と個人的価値の独自的結合による自我一体性の感覚」（E・H・エリクソン）であるが，これは，一面において「仮面をかぶった自己」を反省して「真の自己」を発見しようとする過程のなかで獲得されるとともに，他の面では，他人の目に映った自己像を仲間や同時代の人々の反応によって確かめたり，他者の期待を取り入れることによって形成される。

〔3〕　成人期社会化
　　この概念は，従来の社会化研究が人生の初期段階でのしつけや学習に重きを置くのに対して，社会化を生涯にわたって生起する役割学習であるとする考え方に基づいて出てきたものである。成人期社会化の主要な課題は，人が社会生活において状況の要求を正確につかみ，適切に行動することができるような成人役割の学習と状況的適応の習得である。さらに成人期の社会化は，青年期までに形成された人格的統一を改めて再組織し直すとい

63 不都合な社会史観：不祥事はなくならべからざるしてなくならない

う側面も含んでいるから、「再社会化」の過程であるともいわれる。だが再社会化は、成人期だけに限られるわけでなく、青年期後期においても出現する。なぜなら社会構造が複雑になり、産業化に伴う技術革新の進展とともに高学歴化が進むと、青年たちは以前よりも長い間学校教育を受けることになり、このようにして青年期が延長され、ユース期またはヤング・アダルト期と呼ばれるような時期が成人期までに介在することになる。そこでは生理的・経済的次元においては一人前の大人と変わらないが、社会的にはまだ成人としての地位・役割をとりえていないということで一人前として扱われない年長青年または若い大人たちの役割学習と状況適応が問題となるのである。これも再社会化の現代的様相である。

上記の引用文中にありました「人が社会生活において状況の要求を正確につかみ、適切に行動することができるような成人役割の学習と状況的適応の習得」について、企業における新入社員研修に、最近になってやっとコンプライアンスや内部統制が取り入れられるようになってきました。

これは、適切で今の社会に求められる適切な行動や状況適応能力の育成や、日本版COSOモデルでいうところの「統制環境」の整備において、とても重要な意義があると思っています。

社会化の種類

社会化の種類として、職業的社会化、政治的社会化、道徳的社会化、および言語的社会化などが区別される。

職業的社会化とは、職業的地位が要求する役割に十分こたえることができるような態度、意識、行動様式を身につけることである。どのような職業を希望し、どのような仕事に興味をもち、その職業にふさわしい価値観を習得していく過程において、職業的自我を形成することが職業的社会化のたいせつな部分である。

政治的社会化は、政治意識の形成とその変容にかかわる過程であるが、

とりわけ政治に関する知識，価値，態度を学習することによって青年期以後の政治的構えを形成するものである。政治に対する構えは，自然につくられるのではなく，周囲の大人たち，マス・メディア，教師との接触を通して，また地域社会における政治的事件を見聞することによって学習され，形成される。政治に対する関心，好意的または非好意的態度，参加意識などは，政治的社会化のあり方によって大きく左右されるのである。

道徳的社会化とは，いいかえれば道徳性の形成である。この領域の研究は社会学や心理学において古くから行われている。ピアジェは，認知的側面から道徳性の発達を研究し，子供の道徳性は，自己中心的な段階から協同的関係へ発達すると考えた。彼が行った子供のマーブル・ゲーム（はじき玉遊び）の観察研究は有名である。これは，子供が遊びを通して規則ないし社会規範をどのように内面化していくかを明らかにした。これによると，幼い子供は，規則やルールの観念を全然もたない，また競争に関心をもつこともない段階（自閉性の段階）から，次には，しだいに仲間や他の人々との間で規定された役割をとることを知るようになる。だがこの段階は，まだ規則や役割規定の根拠をほとんど理解しないままそれらを宇宙の法則と同じように受け取る（絶対性の段階）。そして7，8歳くらいになると，絶対的でない世界があることを認めるようになり，自他の視点の相違をわきまえて他者の期待を内面化するようになる（相互性の段階）。このようにして相互尊重の精神と良心の形成が進むのである。

言語的社会化は，言語的コミュニケーションを通して，大人や教師のもっている文化が子供のパーソナリティーのなかへ内面化されていく過程である。この種の研究には，話し手の心のなかに存在する言語的選択の規則に注目して，文化的言語環境のもつ社会化作用を重視するものや，母親の養育行動と幼児の反応行動に注目して，あるしつけの型がどのようなパーソナリティーを形成するのかを探ろうとする方法などがある。William Caudill, John L.Fischer らの日米比較研究によると，日本の児童はアメリカの児童に比べて言語発達における明らかな遅れを示すとともに，

幼児は養育者に対して依存的行動をとる傾向があるという。これは、日本人が非言語的コミュニケーションと自他の相互包絡的関係を優先させるような社会的性格をもっていることと無関係ではない。

　上記にて引用文を見てきましたが、昨今、「倫理観が崩壊している」といわれたりしますが、倫理観自体は時代ごとにそれぞれの倫理観を持っているわけで、かつての倫理観から新たな倫理観へと倫理観がシフトしているというのが妥当かもしれません。
　新たな価値観・倫理観に、監査が「かつての倫理観に戻り旧来通りにせよ」というだけでは、グローバル化する経営環境の変化に環境適応できる監査指摘とはいえないと筆者は思います。
　監査が既存のチェックリストや既存の倫理規定に頼るだけの静的なものではなく、動的に、監査が新たな倫理綱領のようなものをグローバル化に合わせて築き直すような役割も担っていると筆者は考えています。

　教化（インドクトリネーション）とは……
　　もともとの意味は、宗教上の教義を「教え込むこと」を目的とした中世のカトリック教会の教育に起源をもつ。現在では、一定の社会的、政治的、経済的、宗教的な信条、教義を絶対的真理とみなし、それを相手の批判的検討なしに一方的に「教え込むこと」ないし「注入すること」を意味している。第二次世界大戦前の絶対主義的ないしファシズム的教育体制にその典型がみられるが、民主的教育体制のもとにある現在では、子供の批判的精神を育て、思考の自由を尊重する立場からも、一般に拒否されている。しかし最近では、教師が自ら信じるところを教え込むことは、その確信が科学的根拠に基づき十分批判的に形成されており、子供にそれを批判的に検討する条件が確立されていれば、かならずしも拒否されるべきではない、という考えもある。これは、子供の主体的学習を前提としたうえで、科学的真理を教え込むことを、かなり積極的に認めようとする立場である。こ

れに対し，科学を絶対視するあまり，子供の個性や理解力を無視して一定の知識を注入したり条件づけたりすることは，一種の科学主義の立場にたつ「教え込み」であるとして批判する人も多い。

　上記引用文につき見てきましたが，現行の価値観・法と秩序におけるコンプライアンス教育や監査指導が，本当に妥当なのかどうか，多様な価値観を損ねることはないのかどうか，監査が妥当な社会化を進めているのか，それとも，監査が悪しき教化に陥っていないかなどについて，改めて，「社会化」や「教化」の観点から見つめ直してみる必要性がありそうです。
　旧来からの「監査計画」と「監査基準」を教えて，それが監査の肝だという研修は，果たして本当にそれだけで十分なのでしょうか。
　監査が社会化や教化に関わるヒトとヒトとの向き合い方を，改めて見つめ直す必要があると筆者は思っています。

⑦　不祥事はなくならべからざるしてなくならない

　私たちは，現行の「法と秩序」から逸脱し，時に「不祥事を起こす者」や，「不祥事」とレッテルを貼られる言行と対峙し，時に社会構成員からそれらが「不祥事である」と意味解釈し，時にそれらが「革新的な勇気ある言行」と称賛を持って意味解釈するのです。
　常に，逸脱行為と対峙しながらも，現行の「法と秩序」や経営活動や組織運営が妥当なのかどうかを問われ続けることによって，よりよい社会へ向けた組織ＤＮＡの結合・分離を繰り返して進化していくということがいえそうです。
　また，そういったことが，後世に歴史評価されていくということにもなりそうです。
　女性の権利「獲得」（本来，平等でもともと持っていてしかるべきもののはずですが……）へ向けた抗議運動や男性社会における逸脱行為とされる女性の活動は，果たして，「昔はよかった」というかつての「法と秩序」に合わせるべく，撲滅すべきものなのでしょうか？

これは，もはや「社会化の逆機能」となっていて，かつては考えられなかったワークライフバランス上の男性の育休や介護休暇の取得は，旧来の伝統的な日本企業の価値観から否定されるべきものなのではないのは自明です。

筆者は，世の中にムダなものはなく，不正さえも何らかの意義のあることであると考えています。

何も，不正を勧めるわけではありませんが，現行の法と秩序から逸脱し，「不正」を犯したとされるヒトや言行も，医療における突然変異のウイルスも，すべては人類の発展のためにマクロ視点で見る限り，ムダなものは1つもないというように筆者は考えているわけです。

不正対策もウイルス対策も，イタチゴッコのように見えるかもしれないわけですが，逸脱者との対峙の仕方や逸脱の意味解釈を通じ，私たちは繰り返し，「そもそもこれって正しいのか，妥当なのか」を常に考え直す懐疑心を持つ機会を得ているのかもしれません。

突然変異的な「逸脱」への対応を繰り返すうちに，監査や指導する側のスキルや考えも「突然変異」して進化することがあるかもしれません。

とにもかくにも，現行の監査基準や法令や内規などからの「逸脱者」を100％壊滅させるのが果たしてよい監査のあり方なのでしょうか？

内部統制で健全に儲け続けるためのプロセスが問われるように，監査のプロセスや，監査における現場・指導対象との監査コミュニケーションのあり方を問い直す必要があるのではないかと筆者は思っています。

つまり，どう「逸脱」と向き合い，どう「逸脱」から学んで新たな経営環境における環境適応型監査として対処していくかが大事なのです。

ちょっと，一言……

　シェークスピアに言わせれば，

　To be or Not to be, that is a problem……

　(生くるべきか死すべきか，それが問題だ……)

　監査においては，

　To face or Not to face, that is a problem……

　(逸脱者と向き合うべきか，向き合わず監査指摘を持って教化や強制に終始すべきか，それが問題だ……)

お わ り に

　本書の執筆期間を通じて，依然として東日本大震災および風水害等での被災地の実りある復旧復興が遅々として進んでいない様子に，筆者としてはとても心苦しい思いがしますし，被災者様のご心労をお察し申し上げます次第です。
　1日も早く，被災地各地に緑と笑顔と幸せが戻りますよう，心からお祈り申し上げます。

　本書をお手に取っていただき，ここまで読み進めていただけました読者諸氏におかれましても，そのご厚情に厚く御礼申し上げます。
　監査心理学という，旧来の監査研究からすれば，ともすると異質で突飛なものととらえられかねない未踏の地に，手探りながら新たな分野を切り開こうと思いつつ，現在，そして，これからの監査人にとって重要と感じている課題などに触れさせていただきました。
　はじめから，すべての監査事象において，科学的手法による学問体系的な研究成果をまとめていければよかったのかもしれませんが，まずは，監査心理学に関しての議論の呼び水となればと，フィールドワーク的なアプローチを通じたまとめ方にしてみました。
　建設的で誹謗中傷でないご批判やご意見は大歓迎でございます。もしよろしければお気軽に筆者までご連絡いただければ嬉しく存じます。
　監査は狭い範囲でうろうろするものでもなく，幅広い守備範囲を持つ中で，まだまだ研究・開拓の余地の広い分野だと筆者は感じています。
　その中で，本書では新たな監査の試みを世に問う場を与えていただけました，税務経理協会の編集ご担当の大川様をはじめ，関係各位にも，この場を借りて御礼申し上げます。
　筆者としましては，執筆活動を通じても，監査の地位向上や新たな発展への問いかけや幸せに向けた経営活動としての監査への発展における何らかのお役

に立てればと思う次第です。

　少しずつでも，コツコツと，新たな監査の歩みを進めていけるよう，日々，精進して参りたいところでございます。

　読者諸氏をはじめとする皆様のご支援・ご声援のおかげ様で，その足取りがふらつかないよう心をしゃんとしていられるような気がします。

　今後とも，何卒ご支援・ご声援のほど，よろしくお願い申し上げます。

著者記す

【筆者略歴】

戸村　智憲（とむら　とものり）
日本マネジメント総合研究所　理事長
公認不正検査士（CFE），経営管理学修士号（MBA）

　早稲田大学卒業。米国MBA修了。全米トップ0.5％のみに授与される全米優秀大学院生受賞。米国博士後期課程（Ph.D）中退。
　国連勤務にて，国連内部監査業務の専門官，国連戦略立案専門官リーダー，国連主導の世界的CSR運動「国連グローバルコンパクト（UNGC）」広報・誘致業務などを担当。
　民間企業役員として，監査統括，人事総務統括や，IT企業(株)アシスト顧問（社長：ビル・トッテン），岡山大学大学院非常勤講師，JA長野中央会顧問，経営行動科学学会理事・兼・東日本研究部会長などを歴任。
　現在，日本マネジメント総合研究所理事長を務める傍ら，産業能率大学兼任講師，日本ERM経営協会会長，日本クラウドユーザー協会会長なども務めている。組織学会正会員，日本内部統制研究学会正会員，産業・組織心理学会会員，経営行動科学学会会員などとしても，産学ともに活動中。
　代表的な著書に『監査MBA講座　監査マネジメント技法』（中央経済社），『監査コミュニケーション技法"疑う流儀"』（税務経理協会）など17冊を超える。
・日本の人気講師ランキング3位（日経産業新聞しらべ）
・NHK「クローズアップ現代」TV出演・番組監修担当
・テレビ朝日「そうだったのか！池上彰の学べるニュース」番組監修
　その他，TV・ラジオ各局での出演も多数。
　日本監査役協会の全国大会や，青山学院「会計サミット」などでのパネリストとしての登壇なども行う。
　経営指導・講演／研修・執筆活動の3領域で精力的に活動中。

各種お問合せ・ご質問・ご依頼などは下記までご連絡ください。

日本マネジメント総合研究所
〒146-0094　東京都大田区東矢口２-16-18クレストＵビル302
メール：info@jmri.jp　　　ＨＰ：http://www.jmri.jp/
電話：03-3750-8722　　　ファックス：050-1402-5157

　月１回程度で，筆者より独自のレポートや非公開情報や各種ご案内などをメールなどでお届けしております。無料メールご登録をご希望の方は下記のサイトよりご登録ください。

日本ＥＲＭ経営協会：http://www.j-erm.org/
（無料メール会員のページより）

　ソーシャルネットワークでの情報発信は下記にて行っております。
twitter:@Tomonori_TOMURA
フェースブック
mixi（ネーム）：とむとむ
などでも情報発信中

著者との契約により検印省略

平成24年2月1日　初版第1刷発行	**監査心理学"感じる監査"** －感性を活かした実効性ある 監査への63の視座－

　　　　　　　著　　者　戸　村　智　憲
　　　　　　　発 行 者　大　坪　嘉　春
　　　　　　　印 刷 所　税経印刷株式会社
　　　　　　　製 本 所　株式会社 三森製本所

発行所　〒161-0033　東京都新宿区　　株式　税務経理協会
　　　　下落合2丁目5番13号　　　　　会社
　　　　振　替　00190-2-187408　　　電話　(03)3953-3301（編集部）
　　　　Ｆ Ａ Ｘ　(03)3565-3391　　　　　　 (03)3953-3325（営業部）
　　　　URL http://www.zeikei.co.jp/
　　　　乱丁・落丁の場合は，お取替えいたします。

Ⓒ　戸村智憲　2012　　　　　　　　　　　　　　　　　　Printed in Japan

本書を無断で複写複製（コピー）することは，著作権法上の例外を除き，禁じられています。
本書をコピーされる場合は，事前に日本複写権センター（ＪＲＲＣ）の許諾を受けてください。
JRRC〈http://www.jrrc.or.jp　eメール：info@jrrc.or.jp　電話：03-3401-2382〉

ISBN978-4-419-05739-8　C3034